Frauke Kässbohrer

Eine Frau reist um die Welt

Australien – Neuseeland

Edition Mini
Große Gedanken
in einem kleinen Buch

Bibliografische Information der Deutschen Nationalbibliothek
Die Deutsche Nationalbibliothek verzeichnet diese Publikation in der Deutschen Nationalbibliografie; detaillierte bibliografische Daten sind im Internet über http://dnb.d-nb.de abrufbar.

Edition Forsbach
Bücher mit Herz

www.edition-forsbach.de
2. Auflage 2023

Edition Mini: Große Gedanken in einem kleinen Buch, Band 15

Coverbild: © vaclav – AdobeStock
Autorenfoto: © JESSEN FOTOGRAFIE – Bad Oldesloe

Druck und Bindung: CPI Druckdienstleistungen GmbH
Ferndinand-Jühlke-Str. 7, 99059 Erfurt
Printed in Germany
ISBN 978-3-95904-160-7 (Print)
ISBN 978-3-95904-168-3 (E-Book)

Inhalt

Vorwort

Papier ist geduldig. So sagt man. Was bleibt ihm auch anderes übrig?

Schokolade macht dick. „Aber nicht die schwarze", sagt meine Schwiegertochter.

Aller guten Dinge sind drei. Das stimmt genauso oft, wie es nicht stimmt.

Wissen ist Macht. Aber ich höre oft: „Das kannst du alles im Internet nachgucken."

Reisen bildet. So sagt man auch. Vielen reicht es aber schon, wenn sie einfach nur Spaß haben im Urlaub, also ohne Anspruch auf Bildung.

Viele Sprüche, viele Wahrheiten, die auf die einen zutreffen, auf andere wieder nicht. Genauso wie dieses Buch, in dem ich von meinen Reisen erzähle und das auch einige Anregungen für den Leser enthält. Diese mögen für den einen nützlich sein, für den anderen wieder nicht. Aber so ist es ja meistens im Leben.

Ich habe dieses Buch geschrieben, weil ich vornehmlich Frauen, aber vor allem alleinstehenden Frauen, immer wieder zurufen möchte: „Fasst Mut! Macht es mir nach!

Erobert die Welt auf eigene Faust! Bleibt nicht zu Hause, nur, weil ihr keinen Partner habt!“

Und warum empfehle ich keine geführten Touren? Wo alles so einfach ist und die einzige Sorge, die man hat, darin besteht, nur nicht seine eigene Gruppe aus den Augen zu verlieren?

Meine Antwort ist: Jeder soll nach seiner Façon selig werden. Wenn man es mag, gerade im Urlaub, in der schönsten Zeit des Jahres, von früh bis spät den Anweisungen eines Fremden zu folgen, zusammen mit anderen Fremden, und dann noch dankbar sein zu müssen, wenn es heißt: „… und morgen steht Ihnen der ganze Nachmittag zur freien Verfügung …“, dann soll es wohl so sein. Und es gibt ja tatsächlich zufriedene Kunden nach so einer „vorgekauten“ Reise. Ich muss zugeben, dass es Gegenden gibt, die nur mit Hilfe von erfahrenen Führern erforscht werden können, doch die meisten Ziele sind heutzutage individuell erreichbar.

Das Hauptargument für meine Art des Alleinreisens ist der Umstand, dass niemand anders als ich alleine weiß, was ich im Urlaub tun möchte: Wann ich aufstehen will, was ich essen will, was besichtigen, wie lange ich an einem Ort bleiben möchte, mit wem ich sprechen will und mit wem nicht, was ich lesen will und wie oft und wie lange, wann und wie oft ich Eis essen, wann ich ausruhen und wann ich weitergehen will – ist es nicht herrlich, so ein freies Leben während des Urlaubs führen zu dürfen?

Ich habe seit meiner Pensionierung viele Soloreisen unternommen, viele Fehler gemacht, viel Schönes erlebt, viel gelernt und viel über die Menschen allgemein und mich im Besonderen erfahren. Wieder zu Hause angekommen, habe ich Bilanz gezogen, überlegt, was gut war und was nicht und wo es als Nächstes hingehen soll.

Vor jeder neuen Reise folgten jedoch unweigerlich viele Lichtbildvorträge, weil alle meine Freunde erfahren wollten, wie es in der Fremde gewesen war. Und dann kam der altbekannte Kommentar: „Ja, du kannst das. Aber ich alleine würde mich das nie und nimmer trauen …"

Und das motivierte mich, dieses Buch zu schreiben und meine Reiseabenteuer als Erfahrungsbericht zu Papier zu bringen, das ja, wie oben schon erwähnt, geduldig ist, weil ihm nichts anderes übrigbleibt.

Schon durch meine bisherigen Vorträge ist es mir ab und zu gelungen, Frauen, die vorher nie alleine ausgingen, z. B. zu einem Solo-Konzertbesuch zu animieren. Sicher, das ist nichts Weltbewegendes, aber als eine der Frauen mir einmal anvertraute: „… und da hab ich an Sie gedacht, bin einfach mal losgegangen, hab mir eine Karte gekauft und den Abend voll genossen …", da war ich stolz auf sie und ein bisschen auch auf mich.

Nebenbei bemerkt: Es spricht nichts dagegen, dass auch Männer das eine oder andere Kapitel meines Buches lesen. Was sie damit anfangen, bleibt ihnen selbst überlassen.

Der häufigste Grund, warum jemand auf Reisen geht, ist wohl der Wunsch nach einem „Tapetenwechsel". Das trifft natürlich auch auf mich zu. Der Faktor „Erholung" ist dagegen für mich weniger wichtig, denn die habe ich eher zu Hause.

Dagegen habe ich es auf meiner Tour nach Australien und Neuseeland geschafft, die „Burnout-Symptome“, die zu meiner Frühpensionierung geführt hatten, fast vollständig zu überwinden. Ich war aber nur erfolgreich, und das ist meine feste Überzeugung, weil ich alleine losgezogen bin und auf dieser Tour fast täglich ums Überleben kämpfen musste.

So hatte ich damals eine sehr schwierige Zeit, die aber die richtige Medizin für mich war. Bei einer geführten Tour oder einer Fahrt im eigenen Auto wäre der Heilerfolg gleich Null gewesen. Das Rezept ist ganz einfach: Stress mit Gegenstress bekämpfen und heilen!

Wie stellt man es aber an, in unserer zivilisierten und wohlorganisierten Welt derartig schwierige Herausforderungen, die die Voraussetzung für eine Heilung sind, zu finden? Ideal wäre es, den Ärmelkanal schwimmend zu durchqueren – mit Begleitboot selbstverständlich.

Da dieser Aufwand zugegebenermaßen beträchtlich ist, reicht es aber auch schon, sein Fahrrad irgendwohin vorauszuschicken, hinterher zu reisen und zu versuchen, die nächsten Wochen radelnd zu überleben. Eine Solo-Wandertour ist genauso empfehlenswert.

Wichtig ist nur, dass das Ziel nicht gerade um die Ecke liegt. Die Versuchung, bei dem ersten Hindernis alles hinzuschmeißen und nach Hause zu fahren, ist dann meines Erachtens größer, als wenn man eine gewisse Entfernung zwischen sich und den sicheren Heimathafen gebracht hat. Denn der Witz ist ja, an seinen Aufgaben zu wachsen und sich durchzubeißen. Aufgeben gilt nicht!

Oft ist der Grund für's Reisen ja auch der Besuch bei der Familie oder bei Freunden. So bin ich z. B. nach China geflogen, weil mein Sohn dort arbeitete. Manche Menschen sind auch auf der Suche nach sich selbst und wollen die Antworten auf viele Fragen in der Ferne finden. Andere Menschen verreisen, weil sie mit sich selbst zu Hause nichts anzufangen wissen. Auch Reisen aus Prestigegründen gibt es, und zwar gar nicht mal so selten.

Meistens jedoch verreist man, weil man einfach neugierig ist auf andere Länder und andere Sitten. Das traf für mich in der Zeit vor Corona in dieser Reihenfolge zu: Australien, Neuseeland, China, Japan, Israel, Canada, Usbekistan, St. Petersburg, Estland, Indonesien, Türkei, Kanalinseln, Polen, Island, Finnland und Slowenien. Nach Schottland und zu den Orkney-Islands dagegen fuhr ich aus Nostalgie-Gründen, weil ich dort vor langer Zeit ein glückliches Jahr als „assistant teacher" verbracht hatte.

Gerade fällt mir der Kommentar einer guten Freundin nach einem meiner Reisevorträge ein: „Weißt du, warum ich möglichst nie verreise?", fragte sie mich.

„Wenn ich alleine an das Packen denke, graust es mich schon. Und danach alles wieder auspacken und in Ordnung bringen. Nein, diesen Stress tue ich mir nach Möglichkeit so selten wie möglich an. Doch nach deinen Diavorträgen ist es fast immer so, als ob ich selbst dabei gewesen wäre, weil du so schön erzählen kannst."

Nun, ich packe auch nicht gerade gerne, aber da es nun mal zum Reisen dazu gehört, bleibt mir keine andere

Wahl. So schlimm ist es nun auch wieder nicht. Und wenn es dann endlich losgeht, ist das alles schnell vergessen, und das Abenteuer kann beginnen.

Übrigens erzähle ich in diesem Buch nur von meinen Reisen nach Australien und Neuseeland. Zu den Reisen in die Türkei, nach China, Japan und Usbekistan gibt es jeweils weitere Bände in dieser *Edition Mini*. So kann sich jeder Leser seine Lieblingsreise aussuchen, hat ein kleines leichtes Buch, das er immer bei sich haben kann, und muss nicht ein dickes Buch mitschleppen.

Nun hoffe ich, dass Sie Freude an meinen Reisebeschreibungen haben werden und wünsche Ihnen eine gute Unterhaltung!

Frauke Kässbohrer

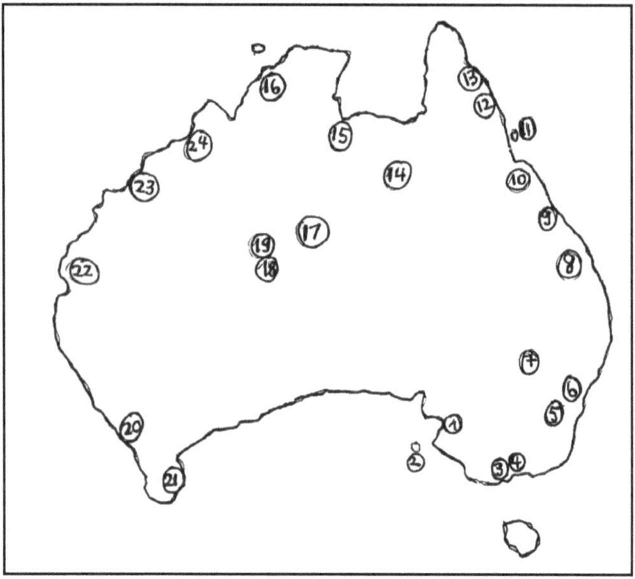

1. Adelaide
2. Kangaroo-Island
3. Geelong
4. Melbourne
5. Canberra
6. Sydney
7. Kaloomba
8. Brisbane
9. Noosa Heads
10. Hervey Bay
11. Fraser Island
12. Cairns
13. Cape Tribulation
14. Mt. Isa
15. Kakadu-Nationalpark
16. Darwin
17. Alice Springs
18. Ayers Rock
19. Kings Canyon
20. Perth
21. Albany
22. Kalbarri-Nationalpark
23. Monkey Mia
24. Exmouth

Meine Reise nach Australien

„Kindchen, fahr, solange du noch kannst", pflegte meine Oma zu sagen, „irgendwann geht es nicht mehr, und dann tut es dir leid." Damals hat sie wohl eher an die Beschränkung durch das Alter als an Naturkatastrophen oder politische Verwicklungen gedacht. Warum ich im Jahr 2001 unbedingt auf Reisen gehen wollte, hing mit meiner damaligen Situation zusammen: Mein bis dahin erfolgreiches Berufsleben als Lehrerin war durch ein sich immer stärker bemerkbar machendes Burnout-Syndrom mit einer Frühpensionierung beendet worden, und da stand ich nun – zwar nicht vor einem Scherbenhaufen, aber doch vor einem neuen Lebensabschnitt, der nur mit gähnender Leere gefüllt zu sein schien.

Ein Burnout-Syndrom steckt niemand leicht weg. Auf die Frage: „was nun?" schien es mir damals nur eine Antwort zu geben: „Erst mal nichts wie weg!" Und auf die Frage: „wohin?" schien es auch nur eine Antwort zu geben: „So weit weg wie möglich." So kam ich beim Betrachten des Globus auf Australien und blieb auch bei diesem Entschluss, als sich mir aus vielerlei Gründen im Laufe der Zeit ein Hindernis nach dem anderen in den Weg stellte.

Beim Kauf eines Reiseführers in einem Globetrotter-Laden traf ich nämlich eine Verkäuferin, die mir von ihrer Radtour von Adelaide nach Melbourne vorschwärmte. Sie hätte diese sogar mehrmals im Abstand von ein paar Jahren wiederholt, weil alles so toll gewesen sei. Ich war sofort Feuer und Flamme, da ich selbst schon oft längere Radtouren mit meinen Kindern unternommen hatte und diese Art des Reisens sehr schätzte.

Als begeisterte Liegeradfahrerin war mir auch gleich klar, dass ich nur mit meinem eigenen Liegerad auf die Reise gehen würde. Ich erinnerte mich an die lange Tour von Leipzig an die Nordsee, an die Ostsee-Bonn-Tour und viele kürzere Unternehmungen, die mir durch diese wunderbare Art des Reisens immer Freude bereitet hatten.

Das Argument meiner skeptischen Freunde, diese Verkäuferin sei doch viel jünger und fitter als ich, entkräftete ich, indem ich dagegen hielt, dass ich mir eben mehr Zeit für die einzelnen Etappen nehmen würde. Das Argument, dass ich keine Ahnung vom Reifenflicken hätte, nahm ich dagegen ernster. Also fuhr ich in die nächstgrößere Stadt – um Treffen mit früheren Schülern und Kollegen und lästigen Fragen aus dem Weg zu gehen – und fragte in einem Fahrradladen, ob ich in der Werkstatt unentgeltlich ein Praktikum machen dürfe. Ich sagte dem Chef nur, dass ich mit meinem Liegerad alleine eine längere Radtour in Australien machen wolle und für den Fall einer Panne vorbereitet sein müsse.

Ohne groß nachzufragen stimmte er zu. Vier Wochen lang fuhr ich nun freiwillig täglich außer sonntags mit dem Bus um 7.14 Uhr schlaftrunken los, zog mir in der

Werkstatt eine alte Hose und einen fast ausrangierten Pullover an und war plötzlich zum Lehrling der dort arbeitenden drei Männer geworden.

Ich lernte Flicken und sogar Speichen einzusetzen, war aber auch fürs Kaffeekochen und Müllraustragen zuständig und musste mir als gestandene Oberstudienrätin im Ruhestand vor allem viele unanständige Witze anhören, die dort scheinbar zum Alltag dazugehörten.

Ich hörte mehr oder minder weg, ertrug auch stoisch die pausenlose Musikberieselung aus einem kleinen Radio und schaute immer wieder liebevoll zu meinem Liegerad hin, das ich gleich am Anfang hergefahren hatte, und das nun mit Kilometerzähler, guten Reifen, Satteltaschen und Werkzeug für alle nur erdenklichen Notfälle ausgestattet wurde.

Mein Inkognito flog auf, als eines Tages unerwartet ein früherer Kollege, der nach seinem Rad sehen wollte, in der Werkstatt auftauchte und bei meinem Anblick ganz entgeistert ausrief: „Was machst du denn hier?“ Nun meinten alle, sie hätten immer schon geahnt, dass ich Lehrerin gewesen sei, aber unser unbeschwerter früherer Umgangston war danach leider verschwunden.

Am Ende meines Praktikums lud ich alle als Dank für das, was sie mir beigebracht hatten, zu einem Abendessen beim Chinesen ein. Sie wünschten mir Glück für die große Reise und sagten später übereinstimmend, als sie von meinem Scheitern erfuhren, dass sie dies von Anfang an vorausgesehen hatten, mir aber die Vorfreude nicht verderben wollten.

So fuhr ich blauäugig und frohgemut nach Beendigung des Praktikums mein wohl ausgestattetes Rad wieder nach Hause und begann nun ernsthaft, die Fahrt zu planen. Im Reisebüro buchte ich das Flugticket, sowohl für mich als auch für mein Rad, einfache Fahrt, denn ich konnte ja noch nicht voraussehen, wie lange ich für die Tour von Adelaide bis Melbourne brauchen würde. Auch um mein Visum wollte man sich dort kümmern. Ich bestellte es „für mindestens sechs Monate", und dann ging es tatsächlich am 25. Juni 2001 los. Das weiß ich noch genau, weil ich am nächsten Tag meinen 60. Geburtstag hatte.

Das Schicksal wollte es, dass auf dieser Reise so vieles schief ging, dass ein weniger optimistisch eingestellter Mensch als ich wohl nach den ersten Pannen schnellstens reumütig nach Hause zurückgekehrt wäre und für den Rest seines Lebens ein ruhiges Rentnerdasein geführt hätte.

Auf mich jedoch üben Pannen seit jeher einen gegenteiligen Effekt aus. Mein Kampfgeist erwacht, und ich denke sofort: „Jetzt erst recht!"

An manchem Geschehen während dieses meines ersten großen Abenteuers war ich schuldlos, oft war ich aber auch zu blauäugig, und manchmal überschätzte ich mich. Eine unwiderlegbare Tatsache ist jedoch, dass ich aus allem, was mir an Missgeschicken widerfuhr, so viel lernte, dass mir Derartiges nicht noch einmal passierte und ich, praktisch „gestählt" für weitere Reisen, bis jetzt alles relativ unbeschadet überlebt habe.

Reinfall Nummer eins passierte kurz vor dem Abflug: Mein Visum war nur für drei Monate gültig. „Es ging nicht anders", sagte das Reisebüro, „die Verlängerung können Sie dann vor Ort machen". Ich schäumte, aber zum Handeln war es nun zu spät.

Um es vorwegzunehmen: gleich nach meiner Ankunft in Adelaide versuchte ich, „vor Ort" auf dem zuständigen Amt eine Visumsverlängerung zu bekommen. „Das können wir leider nicht machen", sagte man mir, „erst müssen Sie mal beweisen, dass Sie drei Monate lang nicht straffällig geworden sind. Erst dann werden wir über Ihren Antrag nachdenken." „Und wenn ich dann gerade mitten im Outback bin, wo es keine Behörden gibt?", fragte ich entsetzt zurück.

„Dann haben Sie ein Problem", war die freundliche Antwort

Kurz vor dem Ablauf meines Visums war ich gerade in Darwin, dem nördlichsten Punkt meiner Reise im „Northern Territory". Voller Angst vor Komplikationen ging ich also eines Morgens zu dem Schalter im Rathaus. Auf meine Bitte für eine Verlängerung für weitere drei Monate sagte die Frau hinter dem Schalter nur: „seven dollars, please." Ich gab sie ihr, sie stempelte meinen Antrag, fügte noch: „Have a good time" hinzu und gab ihn mir zurück. In weniger als fünf Minuten war ich wieder draußen. Ich registrierte, dass ich vor Erleichterung ganz schwache Beine bekommen hatte und mich setzen musste. Eine weitere Hürde war genommen, und es war so unerwartet leicht gewesen!

Reinfall Nummer zwei passierte kurz vor dem Abflug beim Aufgeben meines Gepäcks im Hamburger Flughafen. Zwar hatte ich im Reisebüro ein Ticket für mich und eines für mein Liegerad gekauft und es hatte geheißen: bis London koste das Rad 50 DM, und ab London sei der Transport kostenlos. Aber nun hieß es plötzlich: „Ihre Fahrradkarte ist ungültig. Sie müssen 1023 DM nachzahlen." Ich starrte den Mann nur sprachlos an. „Ach nein", korrigierte er sich, „Entschuldigung, es sind nur 1017 DM und 50 Pfennige."

Nun musste ich blitzschnell eine Entscheidung treffen: sollte ich den Flug stornieren und alles neu organisieren? Aber in Adelaide wartete meine Kusine mit ihrer Familie auf mich. Oder ohne das Fahrrad fliegen? Doch wo sollte ich es bis zu meiner Rückkehr lassen? Meine Wohnung war ca. 90 km weit weg. Ein Blick zurück zeigte mir, dass sich hinter mir bereits eine lange Schlange gebildet hatte.

Alle schauten mich böse an. Zum Diskutieren war es jetzt wohl der falsche Zeitpunkt. Ich zückte mein Portemonnaie und zählte die nötigen Scheine ab. Das war ursprünglich als Startgeld für die ersten Urlaubswochen gedacht gewesen.

Der Mann am Schalter nahm das Geld in Empfang und sagte anerkennend: „Gute Entscheidung! Hier ist Ihr Radschein und die Bordkarte." Er hatte die prekäre Situation, in der ich mich befand, sofort verstanden und wollte mir netterweise Mut für die Zukunft machen.

Wie betäubt nahm ich die Papiere an mich, verstaute meinen nun fast leeren Geldbeutel und machte mich auf den Weg zu meinem Gate. Was hatte ich getan? Wie hatte das bloß passieren können? Welcher Schlag käme wohl als Nächstes?

Um es vorwegzunehmen: Das Reisebüro wies zunächst jede Schuld von sich. Als ich aber nach meiner Rückkehr fast täglich persönlich vorsprach, ab und zu laut wurde und endlich mit einem Rechtsanwalt drohte, rückten sie ein bisschen mehr als die Hälfte des Transportpreises in bar heraus, womit ich mich dann zähneknirschend zufrieden gab.

Reinfall Nummer drei war noch viel gravierender als die ersten beiden: Ich stellte nämlich gleich am ersten Tag meiner Radtour fest, dass ich rein kräftemäßig den Anforderungen der Riesenentfernungen in Australien nicht gewachsen war, was nun wirklich eine echte Katastrophe bedeutete.

Dabei hatte die Zeit bei meiner Kusine, die ca. 30 km südlich von Adelaide mit Mann und zwei Kindern lebte, sehr herzlich begonnen. Das Fahrrad und mein Gepäck waren pünktlich angekommen, alle vier standen am Flughafen zu meinem Empfang bereit, und die Blessuren, die das Rad durch den Transport erlitten hatte, reparierte der Hausherr für mich. Ich erholte mich ein paar Tage bei meinen Verwandten und wollte danach mit der Radtour beginnen.

Das erste Ziel sollte „Kangaroo Island“ an der Südküste sein. Meine Kusine bestand darauf, die Strecke vorher mit mir im Auto abzufahren und die erste Übernachtung zu buchen. Ich wollte das nicht. Ich wollte mich lieber überraschen lassen und den Kitzel des „die Welt Eroberns“ erleben. Aber sie ließ nicht locker, und so wusste ich also schon im voraus, wie viele Kurven, wie viele Steigungen und welche Schwierigkeiten mich erwarteten, als ich am nächsten Morgen aufbrach.

Es war und es wurde furchtbar! Zwar kam ich mit dem Linksverkehr gut klar, und auch, dass es keine Radwege gab, hatte ich schon in Deutschland erfahren. Die Straßen waren gut gepflastert und auch breit genug für einen reibungslosen Gegenverkehr, doch wurde es für Radfahrer eng, wenn sich z. B. zwei Lastwagen auf gleicher Höhe begegneten oder zum Überholen ansetzten. In diesem Fall wich ich auf den Grünstreifen neben der Fahrbahn aus und wartete, bis die lauten großen Ungeheuer vorbeigerauscht waren.

Von den sogenannten „Roadtrains“ hatte ich schon vorher gehört: Es sind überlange Lastwagen mit überlangen Anhängern, die einen derartigen Zugwind erzeugen, dass es einen Fußgänger oder Radfahrer glatt in den nächsten Graben wehen kann. Das ist mir zum Glück nicht passiert.

Durch das häufige Absteigen bei größerem Verkehrsaufkommen und das schließlich fast ausschließliche Schieben, weil die langen Steigungen anders nicht zu bewältigen waren, kam ich natürlich kaum vorwärts. Ich machte immer öfter Pausen, trank auch ab und zu Wasser aus meiner Flasche, um bei der Hitze nicht zu dehydrieren, merkte aber trotzdem, wie meine Kräfte immer mehr abnahmen.

Das wütende Hupen einiger Lastwagenfahrer, wenn auch zum Glück nicht aller, die sich damit über meine Anwesenheit auf der Straße beschwerten, trug auch nicht gerade zu meinem Wohlbefinden bei. Die erste Ortschaft, die ich erreichte, durchquerte ich noch tapfer. Schließlich hatte ich ein Ziel und eine Unterkunft für die Nacht gebucht.

Dann kam nach ca. 25 Kilometern die zweite Ortschaft Yankallilla. Mir war schwindlig. Meine Knie zitterten. Ich hatte Angst, mein Rad nicht mehr halten zu können und einen Kreislaufkollaps zu erleiden. Am Kiosk an der Straße lehnte ich mein Rad an einen Baum und bat den Mann hinter dem Tresen, mir ein großes Taxi bis zur Fähre zum „Kangaroo Island" zu bestellen. „No need for a taxi", war die Antwort, „I'm Kirk. I can take you there. I've got a big car. What a funny bike have you got there?"

Natürlich nahm ich dankend an. Kirk fuhr mich direkt zu meiner am Vortag gebuchten Pension, ohne eine Bezahlung dafür zu verlangen. So endete der erste und letzte Tag meiner Radtour in Australien.

Ich hatte viele Erkenntnisse gewonnen:

1. Mir machte es keinen Spaß, in Australien zu radeln.
2. Auch für kurze Etappen reichten meine Kräfte nicht aus.
3. Ich hatte viel zu viel Gepäck dabei. Schon allein das Werkzeug und die Ersatzreifen wogen viel, dazu kam mein Zelt samt Zubehör, und – zu meiner

Schande muss ich es gestehen – ich hatte auch meine Gitarre dabei! Bei der Probefahrt zu Hause hatte ich das alles noch geschafft, die Schwierigkeiten sicher auch bemerkt, diese aber wohl erfolgreich verdrängt.
4. Es war nun unumgänglich notwendig, umzudisponieren.
5. Die Australier, die nicht gerade hupende Fernfahrer sind, sind sehr hilfsbereit und nett.
6. Liegeräder sind hier offenbar unbekannt.

Eigentlich hätten mir alle diese umwälzenden Überlegungen den Schlaf rauben müssen, doch nach einem kurzen Snack im Pub nebenan schaffte ich es nur noch, mich in mein Zimmer und in mein Bett zu schleppen, wo ich fast sofort in einen tiefen, traumlosen Erschöpfungsschlaf fiel.

Am nächsten Morgen waren die Probleme natürlich nicht verschwunden. Aber im Verdrängen war ich immer schon recht gut gewesen.

Erst mal wollte ich das Nächstliegende tun, nämlich „Kangaroo Island“ erkunden. Von dieser Insel, der drittgrößten Australiens, hatte auch die Verkäuferin bei Globetrotter zu Hause geschwärmt. Ich zahlte also meine Unterkunft, schob das Rad mühsam bis zum Hafen und nahm die nächste Fähre zur Insel. Während der 45 Minuten, die die Überfahrt dauerte, überlegte ich meine nächsten Schritte: Ich würde versuchen, gleich nahe am Hafen in der Jugendherberge ein Zimmer zu bekommen und dann in der Tourist-Information ein oder zwei geführte

Touren buchen, um die Insel und ihre Besonderheiten kennenzulernen. Das Fahrradproblem stellte ich erst mal zurück.

Gesagt, getan. Mein Zimmer in der Jugendherberge war ebenerdig und so klein, dass das Fahrrad gerade noch neben dem Bett Platz fand.

Ich buchte zwei eintägige Touren, zufällig einmal vom Vater, dann von seinem Sohn geführt, beide sehr kompetent und nett. Diese Insel ist ca. 150 km lang und 30 km breit und war schon vor ca. 11.000 Jahren bewohnt. Nach ca. 9.000 Jahren starben die Menschen dort aus, die Ursachen wurden nie geklärt.

Erst um 1800 wurde sie von französischen Forschern wiederentdeckt und bekannt gemacht. Ihren Namen erhielt sie im Jahr 1802 von dem Seefahrer Matthew Flinders, der dort mit seiner Mannschaft gelandet war. Nach vielen entbehrungsreichen Wochen mit einseitiger Dosenkost erlegte er nun ein Känguru nach dem andern, und so bekam er endlich wieder frisches Fleisch zu essen.

Für die geführten Touren gab es kleine Busse, so dass alles sehr familiär zuging. Die Straßen dort sind oft schnurgerade gebaut, mit vielen beachtlichen Höhenunterschieden. Mit Grausen stellte ich mir vor, dort radeln zu müssen.

Die Steilküste, besonders im Westen der Insel, ist wild zerklüftet. Zwischendurch gab es plötzlich einen ca. 4 km² großen Streifen „Wüste“, völlig unerwarteten reinen Sandstrand, der vor langer Zeit vom Meer herübergeweht worden war. Vom höchsten Punkt der Insel aus hatten wir einen guten Überblick auf „Kangaroo Island“ und viele benachbarte kleine, unbewohnte Inseln.

Mit leichtem Schaudern hörte ich, dass es dort die giftigsten Schlangen der Welt gibt. Eine Höhlenbesichtigung mit bizarren Stalagmiten und Stalagtiten war inbegriffen. Unser Führer zeigte uns einen Baum, der wie ein Rasierpinsel aussah, jedoch ganz in grün. Drumherum lag seine Rinde, die von alleine abgefallen war – exotisch! Im Westen der Insel, im „Flinders Chase National Park“, entdeckten wir die sehr zutreffend benannten „Remarkable Rocks“, Millionen von Jahren alte, phantastische grau-orange Felsformationen, die auf einer riesigen Granitkuppel liegen.

Aber am beeindruckendsten war die Tierwelt! Ich sah meinen ersten (von vielen) Koala-Bären. Er lag schlafend hoch oben in einem Baum. Ich erfuhr, dass er nur eine ganz bestimmte Sorte von Eukalyptusblättern frisst und dies vier Stunden am Tag tut. Die übrigen 20 Stunden schläft er.

Ich sah meine ersten Wallabys im Gehege, das sind kleine Kängurus. Die größeren heißen Wallaroos, und die ganz großen Kangaroos. Ihre hüpfende Fortbewegung, effektiv und elegant, entzückte mich jedes Mal von neuem.

Nahe am Wasser gab es viele riesige Pelikane, die bevorzugt auf Antennen oder Schiffsmasten saßen, um von dort die Fischer zu beobachten, denen sie eventuell bei der Arbeit den einen oder anderen Fisch abluchsen konnten.

Im Naturschutzpark wurde unsere Gruppe durch die Dünen ans Meer geführt. Hier lebten ca. 600 Seehunde, die wir aus ziemlicher Nähe beobachten durften. Manche schliefen, manche watschelten herum, manche schwammen, so dass man nur ihren Kopf sah, manche balgten sich, dazu die donnernde Brandung als Hintergrundgeräuschkulisse – wir alle starrten gebannt auf dieses grandiose Schauspiel und konnten uns nur schwer von dem Anblick trennen.

Auf der Heimfahrt sagte ich zu unserem Führer aus tiefster Seele: „Dieser Tag war es für mich schon wert, nach Australien gekommen zu sein." Er lächelte nur, denn das hörte er sicher öfter von begeisterten Touristen, aber ich meinte es absolut ehrlich. In diesem Augenblick hatte ich alle bisherigen Reinfälle vergessen, und die zukünftigen Probleme schienen kleiner geworden zu sein.

Diese besondere, ursprüngliche Insel hatte mich vollständig bezaubert!

Abends fragte ich in der Jugendherberge, was für ein Schnattern das sei, das mir in der vorigen Nacht laut und beharrlich meinen Schlaf geraubt hatte. „Das ist die Pinguin-Kolonie hier ganz in der Nähe", war die Antwort, „wenn Sie wollen, können Sie dort eine Führung bekommen." Natürlich wollte ich!

In einem kleinen Museum wurde zunächst erklärt, wie die Pinguin-Pärchen sich liebevoll um ihr Junges kümmern und beim Brüten das Ei vorsichtig von einem Elternteil zum andern rollen, wenn ein Wechsel angesagt ist. Als ich alles über die Aufzucht gelesen hatte, trat ich hinaus ins Freie.

Um mich herum in den Felsen und am Wasser tummelten sich laut schnatternd Tausende von Pinguinen. Wir Zuschauer durften uns auf schmalen Brücken aufhalten, von wo aus wir alles genauestens beobachten konnten. Fotografieren war allerdings verboten. Die Besichtigung war nur in den Abendstunden sinnvoll, da die meisten Tiere sich tagsüber im Meer aufhalten. Es roch etwas „streng", aber dieses quirlige Leben aus so geringer Entfernung beobachten zu dürfen, empfand ich als ein weiteres großes Privileg dieser schönen Insel. Später buchte ich noch einmal abseits der „Great Ocean Road" im Süden einen Besuch bei Pinguinen, doch fehlte dort die Nähe und die besondere Beobachtungsposition wie hier auf „Kangaroo Island".

Am nächsten Morgen bat ich, mir ein Großraumtaxi vom Hafen aus bis zur nächstgrößeren Stadt, Victor Harbor, zu bestellen. Nach den schlimmen Erfahrungen des ersten Tages kam es für mich nicht mehr in Frage, die geplante Radtour bis Melbourne fortzusetzen. Zwar gebe ich normalerweise nicht so schnell auf, aber hier hatte ich doch zu deutlich gemerkt, dass ich an meine Grenzen gestoßen war, und nun musste ich dieses Problem irgendwie klären.

Als erstes erörterte ich es mit dem Taxifahrer, der mich nach Victor Harbor fuhr und mein Gefährt mit großen Augen betrachtet hatte. Er dachte eine Weile nach und meinte dann, er hätte „no solution", keine Lösung. In Victor Harbor fragte ich in der Touristinformation, was sie mir raten würden. Sie meinten, zum Verschicken oder Verkaufen sei eine größere Stadt besser, also Melbourne. Die großen Überlandbusse würden auch Fahrräder mitnehmen, doch läge es oft am guten Willen der Fahrer, ob sie es einladen würden, denn trotz bezahlter Fahrradkarte könnten sie die Mitnahme verweigern, wenn der Gepäckraum zu voll sei. Das waren ja schöne Aussichten!

Da ich nun einmal hier war, buchte ich zunächst eine weitere geführte Tour entlang der „Great Ocean Road", die sich von Angesea bis Warrnabool erstreckt. Dieser Teil der Südküste Australiens ist sehr abwechslungsreich. An der Steilküste gibt es wunderbare Felsformationen mit seltsamen Namen, wie z. B. „die 12 Apostel", oder „London Bridge". Wir wussten gar nicht, was wir zuerst fotografieren sollten.

Unsere Gruppe umfasste 21 Leute verschiedenster Nationalitäten, die alle nett und aufgeschlossen waren. In Australien ist es üblich, für viele berühmte Gegenden geführte Touren anzubieten, was auch sehr gerne angenommen wird. Später war ich oft drei bis vier Tage unterwegs, aber fast immer war ich die älteste Teilnehmerin. Im Prinzip macht mir das nichts aus, doch halte ich nichts von dröhnender Popmusik während der oft langen Busfahrten, oder von Besäufnissen in der Nacht, was den jüngeren Teilnehmern ausnahmslos gefiel. Beim Buchen späterer Touren bettelte ich sprichwörtlich um „ruhige Seniorenausflüge", was mir auch jedes Mal zugesichert wurde, aber nie stimmte. Das war einer der Wermutstropfen, zu denen sich später noch andere gesellen sollten.

In Victor Harbor gab es ein teures Hotel, dem ein billigeres Hostel in einem Nebengebäude angeschlossen war. Dort bekam ich ein Einzelzimmer zugewiesen. Man sagte mir, dass ich der einzige Gast wäre, was mir am Anfang nichts ausmachte. Als ich jedoch vor dem Schlafengehen die Toilette außerhalb des Zimmers draußen aufsuchte und einen langen, leeren Gang vor mir liegen sah, entdeckte ich am Ende an einer Glastür die Silhouette eines Menschen. Vor Schreck stand ich ganz still, und der andere tat das Gleiche. Da er sich nicht rührte, drehte ich mich schnell um und suchte die Toilette auf. Als ich zurückging zu meinem Zimmer, schaltete sich die Flurbeleuchtung nicht automatisch an wie vorher, so dass ich nun im Dunkeln niemanden mehr entdeckte.

Wegen dieses Menschen in dem eigentlich leeren Hostel verbrachte ich eine äußerst unruhige Nacht, nicht ohne vorher meine nicht abschließbare Tür mit zwei Tischen und zwei aufeinandergestapelten Stühlen von innen her notdürftig verbarrikadiert zu haben. Als ich am nächsten Morgen auf den Gang hinaustrat und unwillkürlich zu der Glastür hinschaute, wurde mir plötzlich klar, dass ich vor meinem eigenen Spiegelbild in der Tür Angst gehabt hatte!

Diese Erkenntnis half mir später und sogar heute noch, brenzlige Situationen zu überstehen, nämlich, wenn mir etwas Angst macht, was in Wirklichkeit gar nicht so schlimm ist. Dann sage ich zu mir: „Denk an dein Spiegelbild in Victor Harbor.“ Und dann geht es mir gleich besser.

Nun nahte der Abfahrtstermin mit dem Überlandbus nach Melbourne. Gegen 22 Uhr sollte es losgehen, und gegen Morgen sollten wir am Ziel sein. Ich ließ mein Fahrrad draußen etwas versteckt stehen, ehe ich drinnen eine Karte für mich und mein Rad kaufte. Ich ahnte nämlich schon, dass es Komplikationen geben würde. Am Bahnsteig 5 packte ich dann erst mal alle Fahrradtaschen auf einen Haufen und stellte das Rad daneben. Allmählich sammelten sich viele Leute dort an. Die meisten hatten ein Kopfkissen für die Nacht dabei, das ich mir später für längere Busfahrten ebenfalls zulegte. Alle schauten mich und mein Gepäck böse an.

Dann kam der Bus. Der Fahrer begann, alle Gepäckstücke zu verstauen und sah mich noch böser an. Ich löste die Lenkerschraube am Fahrrad und stellte den Lenker quer, um meinen guten Willen zu zeigen. Schließlich befand sich nur noch mein Rad und mein Gepäck draußen. Der Fahrer ergriff das Rad und versuchte, es zwischen den ganzen Koffern hinein zu schieben, vergebens. Alle hielten den Atem an. Ich sagte verzweifelt: „Try the other way round, please.“ Er drehte das Rad um und schob langsam und schob – und es klappte! Er konnte die Klappe schließen, aber es hätte keinen Millimeter länger sein dürfen! Ich ergriff alle meine Fahrradtaschen und verstaute sie drinnen irgendwie unter und über mir auf meinem Sitz. Der Bus fuhr los – fürs Erste war ich mal wieder gerettet! Aber es war knapp gewesen.

Ich kann mir Schöneres vorstellen, als morgens um 6 Uhr in einer fremden Stadt anzukommen, mit einem zu schwer beladenen Liegerad, auf das alle Vorbeigehenden starren, als käme es vom Mond, und noch dazu ohne Unterkunft und ohne Frühstück im Magen.

Doch Melbourne ist eine tolle Stadt, mit sehr viel Charme, gut 3 Millionen Einwohnern, die ewige Rivalin von Sydney, am Yarra River gelegen, mit viel Grün, viel Kultur und freundlichen Menschen. Bald fand ich einen Kiosk, wo es Kaffee und Croissants gab, und später ein winziges Zimmer in einem Hostel, und sogar einen Unterstellplatz für mein Rad.

Die große Frage war ja nun: was tun? Da ich zu Hause nur auf die Radtour fixiert gewesen war, wusste ich praktisch nichts über dieses Land, z. B. wo die Hauptstadt liegt, was man gesehen haben muss, wie man sich am besten fortbewegt (außer per Rad!), wo es schön ist und wo weniger schön.

Zum Glück gab es im Hostel viele Jugendliche aus aller Welt, die mir bereitwillig Ratschläge erteilten. Zwar musste ich, um meine Fragen zu begründen, zuerst von meinen Reinfällen berichten, was mir außerordentlich peinlich war, doch oft war nur ein mitleidiges Achselzucken oder der Kommentar „shit happens“ die Antwort, so dass ich nach und nach fast selbst glaubte, mit meinen hochfliegenden Liegeradplänen doch nicht die größte beispiellos blauäugige Reisende aller Zeiten gewesen zu sein.

„Als erstes brauchst du mal den *lonely planet*“, meinte ein junges Mädchen aus München. „Was ist der *lonely planet*?", fragte ich. „Wie kann man überhaupt ohne den *lonely planet* auf Reisen gehen?", antwortete sie. „Das ist DER Reiseführer schlechthin, unverzichtbar, mit 1.000 guten Ratschlägen." Also kaufte ich schleunigst den *lonely planet* und bekam dort wirklich Antworten auf viele meiner Fragen.

Vorher hatte ich schon in die größte Zeitung der Stadt eine Anzeige gesetzt, und auch an der Uni und im Hostel einen Anschlag gemacht: „Recumbent to sell", „Liegerad zu verkaufen". Ich nannte als Preis weniger als die Hälfte des Neupreises und betete eine Woche lang, dass sich ein Käufer finden würde.

Nun hatte ich viel Zeit für Besichtigungen. Dafür bietet Melbourne mehr als genug: Museen, Galerien, Parks, Märkte, schöne Architektur, die nahe Strandpromenade, das Meer – und eines Tages kam ich mittags an einem Internetcafé vorbei. Ich war bis jetzt oft gefragt worden, ob ich gute Nachrichten von zu Hause hätte und ob der E-Mail-Kontakt klappen würde und wie das Wetter in Deutschland sei usw. Ich hatte immer eine Antwort gestottert, mich aber nie getraut, die Wahrheit zu gestehen, nämlich, dass ich keine Ahnung vom Internet hätte.

Als ich nun plötzlich vor diesem Café stand mit keinem besonderen Plan für diesen Tag, dachte ich: „Das ist doch deine Chance heute. Wenn nicht jetzt, wann dann?" Ich trat ein. Es war ein kleiner Raum. Vorne an der Kasse saß ein Mann ungefähr in meinem Alter, hinten waren mehrere Tische mit Computern zu sehen. Ich nahm all meinen Mut zusammen und fragte: „Could you please show me how to send an e-mail home?“ Er guckte mich abschätzend an und antwortete dann bedächtig: „My father couldn't do it.“ Ich dachte: „Frechheit! So alt wie dein Vater bin ich noch lange nicht.“ Ich antwortete „please!“ Und in dieses eine Wort legte ich so viel Mitleid heischendes Bitten, dass er nach kurzem Zögern aufstand und sagte: „Okay, come here.“

Was nun folgte, war für mich wie ein Wunder: Der nette Mann, der auch der Chef des Ladens war, fragte mich tausend Dinge, die ich nicht beantworten konnte, wie z. B., ob ich schon eine E-Mail-Adresse hätte, welchen Anbieter ich wollte, was für ein Passwort … Ich zuckte nur immer die Schultern. Er tippte viel und lange auf dem Computer herum, übergab mich nach einiger Zeit seinem Assistenten, ging zur Kasse, kam zurück und wachte die ganze Zeit über mich. Irgendwann ging er dann nach Hause, sagte aber vorher sehr ernst zu mir: „This day will change your life.“

Ich überschlug mich mit Dankesworten, war aber viel zu aufgeregt, um die ganze Tragweite des Geschehens um mich herum zu erfassen. Irgendwann sagte der Assistent zu mir: „Now you can write a message.“ Ich hatte zum Glück mein Adressbuch dabei, in dem auch E-Mail-Adressen notiert waren, und begann sofort, vergnügt auf die mir von der Schreibmaschine her vertraute Tastatur einzuhämmern.

Endlich fühlte ich mich auf sicherem Terrain, denn ich hatte während des Studiums mit Hilfe eines Lehrbuches aus dem 3. Reich alleine blind schreiben mit zehn

Fingern gelernt, und zwar schnell und fast fehlerfrei mit völkischen Sätzen wie: „Der Arbeitsdienst ist nicht Zwangsarbeit, sondern ein Dienst an der Volksgesamtheit, er soll eine Schule fürs Leben sein." Egal, das war Vergangenheit.

Ich saß hier in Australien am Computer und konnte eintippen, was ich wollte! Ich wählte die erste Adresse, die ich fand, die einer Freundin aus Mannheim, und schrieb ausführlich und bewegend, denn es gab viel zu erzählen. Als ich fertig war, schaute ich mich hilfesuchend um. Der Assistent kam angerannt, tippte auf „senden" und meinte, sie würden jetzt auch bald schließen.

Ich hatte Stunden dort verbracht, ohne zu merken, wie die Zeit verging. Tatsächlich hat dieser Tag mein Leben verändert! Zwar dauerte es noch ewig, bis ich mit Hilfe von vielen freiwilligen und unfreiwilligen Helfern von Australien aus selbstständig eine Mail verschicken konnte, aber ich hatte bald gemerkt, welches Potential in der digitalen Welt liegt. Um es vorweg zu nehmen: Nach der Rückkehr nach Deutschland kaufte ich mir sofort einen PC samt Drucker, später ein Handy, dann einen Laptop. So lernte ich langsam, aber stetig, diese mir völlig neue Welt der Technik zu erobern.

Nach einer Woche des Wartens, Betens und Hoffens hatte sich leider kein einziger Interessent für mein Liegerad gefunden. Da ich es liebe, brachte ich es nicht übers Herz, es zu verschenken, obwohl es, hätte ich in die Zukunft sehen können, die beste Lösung gewesen wäre. Ich entschied mich, es mit „Hermes" per Schiffsfracht nach Hause zurückzuschicken. Das dauerte dann ca. drei Monate und war so teuer wie ein neues Liegerad.

Um das Ende vorwegzunehmen: In Deutschland fuhr ich später gerne außer auf längeren Radtouren auch mal abends noch eine Runde zum Entspannen einfach so herum. Dadurch machte ich auf uns aufmerksam, denn eines Tages hing es plötzlich oben an der Decke im Fahrradschuppen, statt wie sonst auf der Erde zu stehen. Ein Dieb hatte dort oben ein Loch gebohrt, durch das er es offenbar ziehen wollte, und dabei war er wohl gestört worden. Das Loch wurde repariert, und ich wähnte mich auf der sicheren Seite. Aber am nächsten Tag war die Tür des Fahrradschuppens eingetreten, und nun war es wirklich weg! Eine Anzeige blieb wirkungslos. Was für ein trauriges Ende nach dieser Odyssee! Inzwischen habe ich wieder ein neues gekauft: einmal Liegeradfahrer – immer Liegeradfahrer!

Nachdem ich mein Rad auf die Reise geschickt hatte, führte ich eines der seltenen Telefongespräche mit meiner Tochter, um sie auf den neuesten Stand der Dinge zu bringen. „Kommst du jetzt nach Hause?“, fragte sie. „Oh nein“, antwortete ich, ohne zu zögern, „jetzt geht es doch erst los“.

Denn ich spürte immer noch dieses Kribbeln im Bauch, das die Lust auf weitere Abenteuer signalisiert. Was mich aber am meisten freute: Mir wurde plötzlich bewusst, dass ich auf dem besten Weg war, die Folgen meines durch den Schulstress bedingten Burnout-Syndroms erfolgreich zu besiegen. Seit ich in Australien angekommen war, hatte ich keine der quälenden Albträume mehr gehabt, die mich in meinem letzten Schuljahr so oft heimgesucht hatten. Der neue Stress hatte sie vertrieben. Und da ich mir inzwischen die Überschätzung meiner Kräfte verziehen hatte, konnte ich nun offenbar geheilt bei Null anfangen und endlich frei und unbeschwert auf Entdeckungsreise dieses interessanten Kontinents gehen.

Im *lonely planet* gibt es zwei Seiten mit den Highlights Australiens. Ich entschied mich, zunächst die Hauptstadt Canberra aufzusuchen. Ich las, dass die Stadt erst 1908 als Hauptstadt vorgesehen wurde, weil sich erst damals die einzelnen Staaten Australiens zu einer Föderation zusammenschlossen. Der Name „Canberra" soll aus der Sprache der Aborgines, der Ureinwohner, stammen und so viel wie „Versammlungsort" bedeuten. Mit einer Bevölkerung von ca. 308.000 wirkt die Stadt relativ klein und wurde wegen ihrer geographischen Lage zwischen den beiden Millionen-Städten Melbourne und Sydney bewusst als Hauptstadt ausgewählt.

Ich kam am Nachmittag am Busbahnhof an und sagte zu dem wartenden Taxifahrer, der sofort anfing, mein Gepäck in sein Auto einzuladen, dass ich ins Zentrum laufen wolle. Er blieb aber einfach stehen und sagte: „You can't walk there." Ich sagte: „It's not that late, why can't I walk?" Er sagte: „It's about half an hour by car, the centre." Das überzeugte mich, und nie im Leben habe ich seitdem eine so weitläufig angelegte Stadt gesehen.

Zu besichtigen gab es eine Menge: das Parlament, ein Museum, Volkskunst der Aborigines, einen Botanischen

Garten, einen großen See, der künstlich angelegt worden war. Aber wegen der großen Entfernungen von einem Punkt zum anderen brauchte man viel Zeit. Zwar gab es auch einen Busverkehr, aber hier schien es keine Menschen ohne eigenes Auto zu geben. Die Straßen waren alle mehrspurig angelegt und sahen eher wie Autobahnen aus. Es gab überall so viel Platz, dass man sich fast verloren vorkam. Eine Rush Hour gab es hier bestimmt nicht.

Im Museum für moderne Kunst hatte ich ein Erlebnis, das mir heute, nach vielen Jahren mit mehr Erfahrung, nur noch ein müdes Lächeln entlocken würde. Damals jedoch war ich echt empört. Ich stand nämlich plötzlich vor einem Bild, das mit „ohne Worte“ betitelt und außer einem schmalen grauen Rahmen vollkommen weiß war. Ich holte die Aufseherin, die ja nun gar nichts damit zu tun hatte, aber ich musste einfach mit jemandem reden. Ich zeigte entrüstet auf das Bild und sagte: „That's too much. That's not art.“ Sie zuckte nur mit den Schultern und erwiderte: „Well, it's a modern idea like everything here“ und kehrte zu ihrem Stuhl in der Ecke des Saales zurück.

Von Canberra aus war es nicht mehr weit bis nach Sydney. Aber wenn ich ehrlich sein soll, hatte ich Angst, dorthin zu fahren. Ich war noch nie alleine in einer Stadt mit 6,3 Millionen Einwohnern gewesen. Ich weiß nicht, was genau ich mir vorstellte, was mir dort passieren würde. Ich glaube, ich fürchtete, völlig orientierungslos in brausendem Verkehr irgendwo zu stehen und weder aus noch ein zu wissen.

Doch dann dachte ich: „Wie sieht das denn aus, wenn du die wichtigste Stadt Australiens links liegen lässt? Welche Ausrede willst du zu Hause anbringen? Dass du Angst vor 6,3 Millionen Menschen hattest? Das ist schon lächerlich!" Ich überwand meine Angst und nahm diesmal den Zug. Tatsächlich war bei der Ankunft der Verkehrslärm, das Menschengewimmel und die allgemeine Hektik um mich herum furchteinflößend. Ich atmete tief durch und suchte das Schild der Touristinformation. Dort fragte ich nach einem Quartier und ließ mir an Hand eines Stadtplans genau den Weg dorthin beschreiben, und fand es sogar.

Von da an machte ich es mir zur Regel, am ersten Tag meines Besuchs in einer fremden Stadt, egal wie groß sie war, zunächst nur mit Stadtplan zu laufen und dann immer größere Kreise um mein Quartier herum zu ziehen. Erst ab dem zweiten Tag erlaubte ich mir, Straßenbahn oder U-Bahn zu fahren, und so erkundete ich langsam aber sicher fremdes Terrain, verlief mich auch nur selten und verlor meine Angst vor großen Städten.

Sydney ist grandios, weltoffen, quirlig – aber vor allem laut! In den Einkaufsstraßen, wo ein Kaufhaus neben dem anderen steht, schallt aus jedem Eingang laute Popmusik heraus, bis auf die Straße, und im Inneren natürlich auch. Wenn man zwischen zwei Eingängen steht, dreht man wegen dieser überlauten Beschallung fast durch.

Ich besuchte Museen, machte natürlich eine Hafenrundfahrt und buchte eine Führung durch das berühmte Opernhaus. Die spektakuläre Brücke über den Hafen beeindruckte mich ebenfalls, doch konnte ich kaum glauben, dass es Menschen gab, die freiwillig innen in die Bögen der Brücke kletterten und die Architektur aus schwindelnder Höhe von oben hautnah erleben wollten. Manchmal sah man sie von unten wie kleine Punkte dort oben stehen. Ich dachte: „Und für diesen unnötigen Nervenkitzel bezahlen die auch noch eine Menge Eintrittsgeld!"

Das große Aquarium war ein Erlebnis. Man ging unter riesigen Glasbecken hindurch und sah direkt darüber Haie und andere große Fische majestätisch ihre Bahnen ziehen. Es war fast, als ob man ihnen im Wasser begegnete.

Ich fuhr zum Meer hinaus und schaute den Surfern zu. Surfen ist ein Volkssport der Australier. Wer nicht surft, ist krank.

Auch die Umgebung von Sydney, die „Blue Mountains", sind einen Besuch wert. Ich suchte eine Unterkunft in Katoomba, zwei Stunden in Richtung Westen mit dem Zug, um zu den „Three Sisters", drei spektakulären Felsen, zu wandern und durch die dichten Wälder dort zu streifen. Damals lag über allem ein „blauer Dunst", daher der Name. Er kommt von den vielen Eukalyptusbäumen dort. Man hatte einen mehrere Stunden dauernden berühmten Weg in einer Schlucht angelegt. Er führte von den „Three Sisters" quer durch dichten Wald bis zu einem Aufzug, der die Wanderer wieder auf die Ausgangsebene nach oben beförderte. Diese Tour wollte ich auch machen.

Bevor ich den Abstieg in die Schlucht, den „Giant Stairway", begann, atmete ich noch einmal tief durch, um mir Mut zuzusprechen. Ich sah auf eine Wendeltreppe von ca. 800 Stufen hinab, die zwar ein Geländer hatte, aber sehr luftig an den Felsen geklebt zu sein schien.

Ich dachte: „In der Wegbeschreibung stand, dass man sich nicht verlaufen könne. Es gibt also offenbar nur einen Weg durch die Schlucht bis zum Aufzug. Und im Hotel habe ich Bescheid gesagt, wohin ich gehen will. Wenn mir etwas passiert, wird man sicher nach mir suchen."

Mit diesen ein wenig tröstlichen Gedanken begann ich den Abstieg, die Augen fest geradeaus auf den Felsen gerichtet, auf keinen Fall in die Tiefe schauend, das Geländer fest umklammernd und mit den Füßen vorsichtig jede Stufe ertastend, ehe ich ihr mein Gewicht anvertraute. Unten angekommen umgab mich tiefe Stille.

Dichter Wald umgab mich mit so hohen Bäumen, dass fast kein Sonnenstrahl hindurch drang. Genauso hatte ich mir in meiner Phantasie immer den Urwald vorgestellt. Allerdings fehlten dafür doch noch die Affen, die sich hoch oben von Ast zu Ast schwangen. Ich erkannte einen Fußweg, der sich durch das Unterholz wand. „Nur zu", dachte ich, „das hier ist phantastisch!"

Nun war ich mehrere Stunden in der Schlucht unterwegs. Ab und zu traf ich andere Wanderer, die in die Gegenrichtung liefen. Manche blieben stehen für ein Schwätzchen und lobten mich für meinen Mut, hier alleine unterwegs zu sein, andere grüßten nur. Ein Mann überholte mich und war bald hinter der nächsten Biegung verschwunden. Ich konnte nicht so schnell gehen, da es so viel zu sehen gab: riesige Farne, unbekannte Pflanzen, tolle Wurzelgebilde, ab und zu ein kleiner Wasserfall, kleine Tümpel, fremd anmutendes Vogelgezwitscher … und irgendwann dann ein Hinweisschild „Elevator", das mir einen Seufzer der Erleichterung entlockte. Die Wanderung war spektakulär, aber wegen der Fremdartigkeit und Einsamkeit hatte ich doch die ganze Zeit unter einer gewissen Spannung gestanden.

Der „Elevator" war eine Art Fahrzeug mit mehreren Sitzbänken hintereinander und einer Stange vor den Sitzen zum Festhalten. Es warteten schon ca. 10 Leute auf die Abfahrt, als ich ankam. Ich zahlte, setzte mich und wunderte mich, als sich plötzlich über uns ein dichtmaschiges Drahtnetz senkte, so dass wir wie in einem Käfig saßen.

Dann heulte der Motor auf, und es ging ohne Vorwarnung los. Die Beschleunigung von einer Sekunde zur anderen war so groß, dass wir an die Rückbank gepresst wurden. Alle schrien vor Angst laut auf. Die Auffahrt dauerte höchstens 10 Sekunden, dann hatten wir das Ende der Schlucht erreicht. Das Maschendrahtnetz über uns hob sich wieder, und wir konnten mit weichen Knien aussteigen. Alle waren blass und fix und fertig von dieser kurzen, aber um so rasanteren Höllenfahrt. Am Ausgang las ich die Warnung, dass Menschen mit Herzproblemen von der Benutzung des Aufzugs abgeraten würde. Doch unten in der Schlucht hatte es keinen Hinweis auf diese brutale Art der Beförderung gegeben.

Der Aufzug war ursprünglich für die Holzfäller gebaut worden, die früher dort gearbeitet hatten. Vielleicht waren diese härter im Nehmen als wir zartbesaiteten Touristen? Ich habe jedenfalls heute noch ein mulmiges Gefühl, wenn ich an diesen sehr speziellen „Elevator" zurückdenke. Nach einer halbstündigen Busfahrt war ich wieder an meinem Hotel angekommen.

Heute, fast 20 Jahre später, kann ich wohl guten Gewissens behaupten, dass es die „Blue Mountains" und viele andere Waldgebiete, so, wie ich sie damals erleben durfte, nicht mehr gibt. Ich war im Juli dort, also am Beginn der kalten Jahreszeit, denn wenn wir Sommer haben, ist in Australien Winter. Bedingt durch den Klimawandel und durch mehrere Jahre der Dürre hat sich seitdem vieles in Australien zum Schlechteren gewandelt.

Seit Beginn der Aufzeichnungen durch das Meteorologenamt stiegen die Höchsttemperaturen im Jahr 2019 mit 40,9 Grad im Dezember so hoch wie nie zuvor. Diese Rekordhitze erschwert auch den Kampf gegen die seit Wochen wütenden Buschbrände in ganz Australien. 2,7 Millionen Hektar Land sind bereits vernichtet. Es gibt auch Todesopfer: viele Menschen und über eine Million Tiere. Wer weiß, wie es heute, nach dem Erscheinen meines Buches, dort aussieht? Das alles macht mich sehr, sehr traurig.

Ich fuhr weiter an der „Gold Coast" entlang nach Norden bis Brisbane, der Hauptstadt des Bundeslandes Queensland. Die „Gold Coast" ist eigentlich nur 40 km lang und bekam ihren Namen von den leuchtenden Sandstränden, die zum Surfen und Sonnenbaden einladen. Weiter nördlich wechselt der Name zu „Sunshine Coast“; nicht umsonst ist dieser Teil Australiens ein beliebter Touristenmagnet.

Brisbane ist mit 1,6 Millionen Einwohnern die drittgrößte Stadt Australiens und verdankt ihre Entstehung der Tatsache, dass England 1783 mit dem Ende des amerikanischen Unabhängigkeitskrieges und dem damit verbundenen Verlust der britischen Strafkolonien nach neuem Land Ausschau hielt, das sich zu besiedeln lohnte. 1770 war der berühmte Kapitän James Cook schon an der Ostküste entlang gesegelt, und nun schien der Ort, wo später Brisbane gebaut wurde, ein guter Standort für die Gründung einer Strafkolonie für verurteilte Kriminelle aus England zu sein.

Der Dieb, der mir nachts, als ich auf dem Busbahnhof dort ankam, vor dem Einsammeln meiner vielen Radtaschen meinen Beutel mit allen Kosmetika, Wecker, Taschenlampe, Tagebuch, *lonely planet* und Unterwäsche stahl, muss nun nicht unbedingt ein Nachfahre der englischen Sträflinge gewesen sein. Auf jeden Fall aber war sein Verhalten gemein, stürzte mich zunächst in tiefe Verzweiflung und bescherte mir später viel vergebliche Lauferei zu mehreren Fundbüros.

Endlich sah ich nun aber auch ein, dass es unklug war, ohne Fahrrad mit unendlich vielen Fahrradtaschen zu reisen. Ich kaufte also einen großen, geräumigen Rucksack, der mir lange Zeit gute Dienste leistete. Danach wurde mir auch nichts mehr gestohlen, weil ich mit weniger Taschen alles immer gut im Blick hatte.

Ansonsten gefiel es mir sehr gut in Brisbane. Gleich am Anfang zog mich ein dreitägiges Filmfestival in seinen Bann. Ich sah in dieser Zeit elf Filme und kann über die Stadt selbst deshalb nicht viel berichten.

In allen Hostels, in denen ich bis jetzt untergekommen war, hatte ich nette Bekanntschaften geschlossen und mich nie einsam gefühlt. Was ich extrem witzig fand, war die Tatsache, dass ich in den vier Monaten, die ich auf diesem riesigen Kontinent umherreiste, immer mal wieder Touristen traf, die ich Hunderte von Kilometern entfernt schon einmal gesehen hatte. Und das ist mir nicht nur einmal passiert. Die Welt ist klein …

Weiter ging es an der Küste entlang mit dem Bus nach „Noosa Heads“ auf einen Campingplatz, der malerisch am See Cooroibak liegt. Wie ich jetzt hörte, wüteten auch dort fürchterliche Buschfeuer. Damals war alles friedlich und idyllisch.

Obwohl ich mich in den Hostels immer wohl gefühlt hatte, wollte ich nun endlich auch einmal zelten, denn dafür hatte ich die ganze Ausrüstung doch schließlich mitgeschleppt. Wie zu erwarten, klappte der Aufbau nicht, obwohl ich alle Handgriffe zu Hause noch extra geübt hatte. Aber es gab überall nette Helfer, die allesamt mehr technischen Verstand hatten als ich. Insgesamt zeltete ich vier Mal in den fast fünf Monaten meines Urlaubs. Kein guter Schnitt, würde ich sagen, aber es ging um den Spaß, den ich die vier Male hatte, und der war groß.

Von Noosa Heads aus buchte ich eine eintägige Tour zum „Fraser Island". Diese berühmte Insel, die 120 km lang und 15 km breit ist und seit 1993 zum Weltkulturerbe gehört, besteht nur aus Sand, ca. 200 Seen und dichtem Wald. Hier gibt es wilde Dingos, die man zur Familie der Wölfe zählen kann. Durch verantwortungslose Touristen, die sie anlockten und zu füttern versuchten, wurde ihr Jagdinstinkt in die falsche Richtung gelenkt, und uns wurde vor tödlichen Angriffen auf Menschen, vor allem aber auf Kinder, erzählt. Die Insel darf nur mit Sondererlaubnis und mit Autos mit Allradantrieb befahren werden.

Der ganze Tag war ein einziges Abenteuer: Zuerst jagten wir mit Spitzengeschwindigkeit über den goldenen, menschenleeren Strand, tauchten dann ein in den geheimnisvoll düsteren Wald, der mich an die „Blue Mountains" erinnerte, und machten mittags Halt an einem der vielen glasklaren, aber eiskalten Seen.

Leider hatte ich nicht mitgekriegt, dass es Gelegenheit zum Baden geben würde, was alle anderen aus der Gruppe natürlich auch ausnutzten. Ich dachte seufzend: „Wann werde ich wohl endlich mal alles richtig machen auf meiner Reise?" Nun, das passierte nie, aber ich ließ mir trotzdem nicht die Freude am Leben dadurch vergällen.

Nach dem Baden wurde ein Picknick angeboten, und dann folgte ein kurzer Waldspaziergang mit Erklärungen des Reiseleiters. Plötzlich deutete er nach oben: „Look, a kookaburra."

Blitzschnell schoss ich ein Foto, ehe der nicht sehr spektakulär aussehende, aber bei uns unter dem Namen „lachender Hans“ bekannte Vogel davonflog. Wie oft hatte ich mit meinen Schülern den Kanon „Kookaburra sits on an old gum tree“ gesungen! Endlich hatte ich ihn nun auch gesehen, wenn auch ohne sein meckerndes Lachen gehört zu haben.

Auf der Rückfahrt zur Fähre machten wir am Strand eine Pause zum Fotografieren bei riesigen, bestimmt schon um die 100 Jahre alten Schiffswracks. Sie lagen dort im Sand wie Ungeheuer aus einer anderen Welt, so groß wie Hochhäuser, zerlöchert, verrostet, unbrauchbar geworden, gespenstisch.

Später deutete unser Fahrer vom Bus aus aufs Meer: in der Ferne hatte er Wale entdeckt. Das war das Stichwort für mich, weiter zu reisen. Mein neuer Standort sollte Hervey Bay sein, bekannt für seine Exkursionen zur Beobachtung von Walen. Jedes Jahr im August und September bleiben die Wale nämlich zur großen Freude vieler Touristen, mich eingeschlossen, auf dem Weg von der etwa 5.000 km entfernten Antarktis zu den wärmeren Gewässern Ost-Australiens eine Weile hier.

Wie meistens bei geführten Touren ging es sehr früh morgens los: Um 7 Uhr stieg ich in den Bus, der mich zum Hafen brachte. Auf dem Schiff warteten schon viele Japaner, die furchtbar laut waren und schon jetzt pausenlos fotografierten, obwohl es noch keine Wale zu sehen gab. Wir tuckerten hinaus aufs offene Meer. Dann wurde der Motor ausgestellt, und alle warteten eine Zeitlang gespannt, was nun passieren würde. Ich stand direkt an der Reling und hörte plötzlich einen Schrei von der anderen Schiffsseite, dass es dort Wale gäbe.

Alle stürzten, wieder laut schreiend, dorthin. Dicht am Schiff unter mir hörte ich ein Plätschern. Ich beugte mich nach draußen und sah direkt in das Auge eines riesigen Buckelwals. Er lag dort ganz still und beäugte mich ruhig, und es sah so aus, als ob er sogar lächelte. Ich bewegte mich nicht, ich dachte nicht ans Fotografieren, ich war wie hypnotisiert von seinem Blick und dachte nur: „Sein Auge sieht genauso aus wie das eines Menschen."

Nach mehreren Sekunden tauchte er unter und war verschwunden. Ich richtete mich auf und fühlte mich wie betäubt. Was für ein Geschenk – Aug in Auge mit einem Buckelwal, nur er und ich, ganz nah, ganz lange – unglaublich!

Noch heute habe ich manchmal morgens beim Schminken, wenn ich ganz nah in mein Auge sehe, plötzlich den wissenden Blick des Buckelwals vor mir, und ich denke: „Wo bist du jetzt, was machst du, wie geht es dir?", und ich erlebe diese Sekunden von damals wieder, die so besonders und so unvergesslich waren.

Auch meine nächste Station hatte mit einem seltenen Tier zu tun, dem „Platypus", einem ca. 40 cm langen, urig aussehenden, im Wasser lebenden Tier, das vom Aussterben bedroht ist und nur noch in Australien vorkommt. Dafür fuhr ich an der Küste entlang weiter nach Norden bis Mackay, einer ansonsten unauffälligen Stadt mit 74.000 Einwohnern.

Ich buchte eine eintägige geführte Tour in den „Eungella National Park". In der Abenddämmerung wurde unsere Gruppe zu einem Fluss geführt, wo es sogar eine „Platypus Viewing Platform" gab. Wir wurden ermahnt, uns vollkommen still zu verhalten. Das Fernsehen war auch schon da. Alle warteten gespannt. Dann tauchte ein kleiner Kopf auf, die Kameras surrten, die Fotoapparate klickten, die Safari hatte gehalten, was sie versprochen hatte; und alle waren zufrieden, obwohl wir nicht mehr als diesen kleinen Kopf gesehen hatten.

Eine weitere Seltenheit lernte ich auf diesem Ausflug kennen, ohne dass ich mir den Namen des merkwürdigen Baumes gemerkt habe: Seine Wurzeln wachsen zuerst nach unten und dann nach oben und wieder nach unten, indem sie den Baumstamm wie mit einem Netz umfangen. Im Laufe der Jahre stirbt der Stamm ab, so dass die Wurzeln dann einen Hohlraum umgeben.

Wie die Entwicklung weitergeht, weiß ich nicht. Doch ist dies eine weitere interessante Laune der Natur, von der ich bis jetzt noch nie gehört hatte.

In dieser Gegend sind die „3 C" der Grund für den Reichtum der hier lebenden Bevölkerung: cattle, coal und cane, große Viehherden, Kohlebergwerke und endlose Zuckerrohrplantagen. Ein Drittel der Weltproduktion für Zuckerrohr wird hier angebaut. Mit dem Bus fuhr ich stundenlang an den riesigen Feldern vorbei.

Die größte Attraktion für Touristen in dieser Gegend ist jedoch das „Great Barrier Reef" und das Angebot von Tauchkursen zu den Korallenriffen. Auf Schiffen mit

Platz für 15-20 Menschen wird gegessen, geschlafen und getaucht, unter Aufsicht von gelernten Tauchlehrern.

In dieser Bucht, Airlie Beach mit den vorgelagerten berühmten Whitsunday-Islands, schien es schier unmöglich zu sein, sich diesem Trend zu entziehen. Ich hatte große Bedenken, ob ich den Mut dazu aufbringen würde, obwohl mir alle Australier, die ich hier traf, dringend dazu rieten, es wenigstens einmal zu versuchen. Als ich noch zögerte, traf ich im Hostel eine junge Deutsche aus Ludwigsburg, die mir ungefragt von ihren „unterbelichteten" Professoren in Deutschland erzählte und dann übergangslos meinte: „Entschuldigung, ich dachte, alte Leute machen die Art von Urlaub, den du machst, nicht mehr!" Das saß!

Spontan ging ich in die Stadt, buchte und bezahlte eine dreitägige Tauchtour auf der „Banjora", packte nur das Nötigste für die Schiffstour und ließ den Rest im „Store Room" des Hostels. Gegen Abend traf ich meine Gruppe von elf Studenten aus Schottland, England, Wales und Canada, die vom Alter her allesamt meine Kinder hätten sein können. In einem Laden für Tauchzubehör suchte dann jeder einen Tauchanzug samt Taucherbrille in seiner Größe aus. Alles wurde gemietet und am Schluss wieder abgegeben. Dann ging es an Bord, wo uns zwei junge, gutaussehende Tauchlehrer und der etwas ältere Kapitän erwarteten. Wir wurden freundlich begrüßt, und dann stachen wir in See.

Jeder bekam eine winzige Koje zugewiesen. Ich war mit Alex, David, Paula und Phil zusammen. Die Toilette war genauso winzig, und in der Dusche konnte man sich kaum umdrehen.

Ich dachte: „Heute ist Freitagabend. Halte durch, Montagabend hast du es hinter dir."

Wir bekamen ein paar Kekse angeboten und versammelten uns dann, als es dunkel wurde, alle an Deck, um den herrlichen, klaren Sternenhimmel zu betrachten und uns untereinander bekannt zu machen.

Es herrschte eine friedliche Atmosphäre, und meine Bedenken, wie alles wohl werden würde, schwanden ein bisschen. Ich nahm mir das Privileg, auf Grund meines Alters als Erste in die Koje zu verschwinden. Das tat ich jeden Abend, und es wurde auch von allen akzeptiert. Es sollte mich, ohne dass ich es ahnte, vor so mancher unangenehmen Situation bewahren.

Um 8 Uhr am folgenden Morgen gab es Frühstück, das köstlich, aber knapp war. Man musste sich ranhalten, denn alle 15 Mann an Bord waren hungrig und langten schnell zu. Sitzgelegenheiten gab es auch nicht, aber die Platten waren sowieso im Nu leergegessen. Dann wurden wir mit kleinen Booten an einen herrlich sauberen Sandstrand gebracht, wo wir bis mittags schwammen, mit den Schnorchelbrillen die kleinen Fische um uns herum betrachteten oder Cricket spielten.

Zurück an Bord gab es Mittagessen. Das Schiff fuhr weiter, brachte uns diesmal an einen Steinstrand, und wieder vergnügten wir uns mit unseren Schnorchelbrillen im seichten Wasser am Ufer. Die Tauchanzüge hatten wir noch nicht gebraucht.

Das Abendessen an Bord schmeckte allen wieder gut. Ein Pärchen aus unserer Gruppe hatte schon Taucherfahrung und machte einen Ausflug mit einem der Lehrer in Tauchanzügen, mit Sauerstoffflaschen und Taschenlampen. Sie kamen begeistert zurück und erzählten von einer Riesenschildkröte, die sie getroffen hatten.

Wir anderen saßen auf Deck auf den Planken zusammen. Einige spielten Karten, andere machten Ratespiele, bei denen ich auch dabei war. Wer verlor, musste sein Glas austrinken, und zwar immer auf „ex". Bald merkte ich, dass der einzige Sinn der Spiele war, den anderen betrunken zu machen. Da ich darin keinen Sinn sah, verschwand ich, wie am Abend vorher, nach kurzer Zeit als Erste nach unten in meine Koje und entzog mich dadurch erfolgreich dem Gruppenzwang des Trinken-Müssens. Am nächsten Morgen war ich die Einzige, die ohne Brummschädel aufwachte.

Am Sonntag dann wurde es ernst: Alle zogen ihre Tauchanzüge an, mich eingeschlossen, sprangen fröhlich ins Wasser, schwammen um das Schiff herum und riefen mir zu, wie toll es sei, und ich solle auch springen.

Ich sah mich um. Nirgends war Land zu sehen. Und der Blick in das glasklare Wasser unter mir schien ins Endlose zu gehen. Ich krallte mich an der Reling fest und merkte, wie mich Panik überkam. Mir war nach Weinen zumute, doch war ich wie erstarrt. Die beiden Tauchlehrer redeten mir gut zu, aber ich schüttelte nur stumm den Kopf. Da sprach der Kapitän ein Machtwort. Er gab mir ein langes Seil in die Hand und versprach hoch und heilig, mich damit sofort wieder an Bord zu ziehen, sobald ich nach dem Sprung wieder auftauchen würde.

Ich nahm das Seil in die Hand – und sprang. Der Weg in die Tiefe schien endlos zu sein, doch dann begann der Auftrieb, und ehe ich wusste, wie mir geschah, war ich schon wieder an Bord gezogen worden. „Well done", sagte der Kapitän, und die beiden Tauchlehrer klopften mir anerkennend auf die Schulter. Einer sagte, „At least you jumped. We've had others who didn't." Ich quälte mich aus dem engen Tauchanzug heraus, in einer Stimmung zwischen Lachen und Weinen, jedenfalls voller Erleichterung, dass ich mich doch noch getraut hatte, zu springen.

Nach dem Mittagessen gingen alle wieder ins Wasser und tauchten weiter. Ich blieb an Bord, suchte mir ein ruhiges Eckchen und las. Ich hatte meine Mutprobe bestanden und keinerlei Ambitionen, diese zu wiederholen. Da hörte ich den Kapitän am Telefon irgendjemandem erzählen, dass es heute Abend hier rundgehen würde mit „drinking and kissing" und er sich schon darauf freue. Nun war ich vorgewarnt. Noch früher als sonst verschwand ich nach dem Essen schnell in meine Koje. Ich hörte zwar die anderen nach mir rufen, aber ich reagierte nicht.

Ich verschlief die immer lauter werdende und ausufernde Party und auch den Eklat, als Alex volltrunken über Bord ging. Irgendwie hätten sie ihn wieder rausgefischt, erzählte man mir aufgeregt am nächsten Morgen.

Ich hätte definitiv etwas verpasst. Ich zuckte nur die Schultern und dachte: „Eure Art von Spaß haben ist nicht die meine. Was ist eigentlich so toll am Trinken, Küssen und ins Wasser fallen?“

Wir waren nun auf dem Rückweg in unsere Bucht, von der aus wir aufgebrochen waren. Zum ersten Mal hatten wir ziemlich raue See. Wer sich auf Deck aufhielt, musste sich gefallen lassen, dass er angebunden wurde, auch wenn er nur zur Reling kroch, um sich zu übergeben.

Endlich an Land, brachten wir die Tauchanzüge zurück und tauschten E-Mail-Adressen aus. Ich hatte ein weiteres Abenteuer überlebt. Leider ist das „Great Barrier Reef“ inzwischen durch Umweltverschmutzung und Klimawandel vom Aussterben bedroht und schon viel kleiner als im Jahr 2001. Und niemand weiß, wie diese bedrohliche Entwicklung weitergehen wird.

Den Empfehlungen des *lonely planet* folgend, machte ich danach in Townsville Halt und buchte eine Tour zum „Magnetic Island“. Mein nördlichster Punkt an der Ostküste war dann Cairns mit einem geführten Ausflug bis zum „Cape tribulation“. Teilweise waren wir auch mit dem Boot unterwegs. Da wir immer wieder darauf hingewiesen wurden, bekamen wir allmählich einen Blick dafür, Krokodile schon von weitem zu erkennen. Es gab kleine, mittlere und große, und alle sind lebensgefährlich. Dann zählte die Führerin viele Tiere und Pflanzen auf, die es nur in Australien gibt und die alle für den Menschen tödlich sind. Mir schwirrte der Kopf – diese Vielzahl von Gefahren war mir bis jetzt nicht bewusst gewesen.

Als ich kurz darauf in einem Hostel wegen eines ziemlich großen Käfers in meinem Zimmer mitten in der

Nacht hysterisch wurde und deswegen die Chefin aus dem Bett klingelte, fauchte diese mich erbost an: „If you are that scared you shouldn't have come to Australia!“ Damit verschwand sie wieder. Ich musste ihr Recht geben, verbrachte aber trotzdem den Rest der Nacht zitternd und angsterfüllt aufrecht im Bett sitzend.

Ich überlegte, was ich gegen meine übertriebene Tierphobie tun könne, kam aber zu keinem Ergebnis. Stattdessen kaufte ich eine Buskarte nach Darwin, Richtung Nordwesten, mit Stopp in Mount Isa und einem Besuch des dortigen berühmten Bergwerks. Ein letztes Mal zeltete ich in Mataranka, wo es eine natürliche heiße Quelle mitten im Urwald gibt. Wie alle anderen Camper glitt ich vorsichtig ins heiße Wasser hinein und versuchte mich zu entspannen. Doch ließ mich die Angst vor dem tödlichen Stich einer Pflanze oder dem tödlichen Biss eines Tieres bis zum Ende meines Aufenthaltes in Australien nicht mehr los.

Zwei geführte Touren gab es von Katherine aus: eine auf dem Fluss desselben Namens, wo ich am Ufer zum ersten Mal übermannsgroße Termitenhügel sah, und eine Zwei-Tages-Tour durch den „Kakadu-Nationalpark“. Hier gab es 10–20.000 Jahre alte Höhlenmalereien der Aborigines zu bestaunen, ein schwarzes Wollaroo, das sehr selten ist, (meistens sind sie braun), tolle Landschaft, bizarre Felsformationen. Ein Baum voller Fledermäuse, die dort tagsüber schliefen, faszinierte mich. Ich lernte, dass Süßwasserkrokodile im Gegensatz zu Salzwasserkrokodilen ungefährlich sind.

Neben dem Kings-Canyon-Nationalpark in der Nähe von Uluru, den ich kurz darauf besuchte, war diese Tour im Kakadu-Nationalpark die unbestreitbar landschaftlich schönste und beeindruckendste meiner ganzen Reise.

In Darwin besuchte ich eine Aufzuchtstation für Salzwasserkrokodile. Unsere sehr nette und charmante Führerin griff sich ein 18 Monate altes, ca. 90 cm langes Krokodil und ermunterte uns, es auch einmal auf den Arm zu nehmen. Es sei im Augenblick von der Hitze betäubt und ungefährlich. Alle aus meiner Gruppe trauten sich, es ihr nachzumachen, nur ich nicht. Ich schämte mich. Sie sagte tröstend „never mind“. Da bat ich sie, ob wir das Tier vielleicht gemeinsam halten könnten, dann würde ich mich auch trauen. Sie willigte lachend ein, und so schaffte ich es tatsächlich, ein halbes Krokodil im Arm zu halten, eine Riesenüberwindung für mich.

Inzwischen war es September geworden. Die feuchte Hitze setzte mir sehr zu. Deshalb buchte ich einen Flug nach Alice Springs im Süden, von dort aus eine dreitägige geführte Tour zum Uluru und Kings Canyon, danach eine Zugfahrt im „Ghan“ nach Adelaide und weiter mit dem „Pacific“ nach Perth an die Westküste.

In meinem Reisetagebuch steht, dass mein Gepäck am Flughafen in Darwin 34 kg wog und ich trotzdem keinen Penny für Übergewicht zahlen musste. Dahinter stehen zwei Ausrufungszeichen. Ich hatte inzwischen eine kleine Gepäckkarre gekauft, auf der ich meine Taschen übereinander stapeln und festzurren konnte.

Und dann hatte ich ja noch den großen Rucksack, den ich in Brisbane erstanden hatte. Ich frage mich heute wirklich, wie ich das alles damals bewältigt habe.
Zwei Stunden dauerte der Flug von Darwin nach Alice Springs, das inmitten des Outback liegt. Es ist eine kleine Stadt mit nur 25.000 Einwohnern, ideal für Exkursionen ins Landesinnere und vor allem zum berühmtesten Naturwunder Australiens, dem „Uluru", auch „Ayers Rock" genannt.

Dorthin wollte ich auch während einer dreitägigen Bustour fahren. Wie üblich, ließ ich den Großteil meines Gepäcks im Hostel zurück und wartete, nur mit einem kleinen Rucksack ausgestattet, auf den „Sahara-Bus", der mich morgens um 6 Uhr am verabredeten Ort abholte.

Unsere Gruppe bestand aus 21 Teilnehmern, womit der Kleinbus gut ausgelastet war. In einem kastenförmigen Anhänger waren unser Gepäck und die Verpflegung untergebracht.

Zum ersten Mal waren außer mir noch andere Senioren dabei, was unseren jungen Busfahrer namens Craig aber nicht davon abhielt, uns die ganze Fahrt über mit dröhnender Rock- und Popmusik zu malträtieren. Ich dachte: „Wenn er diese Musikbeschallung braucht, um uns sicher ans Ziel zu bringen, werde ich mich auch diesmal nicht beschweren." Immerhin waren es ca. 450 km Richtung Süden bis zu der Bergkette der Olgas in der Nähe vom Uluru. Dies war unser erstes Ziel. Olgas heißt in der Sprache der Aborigines „Kata Tjuta", was „viele Köpfe" bedeutet.

Bei den Stopps dazwischen gab es u. a. auch Gelegenheit, Kamele in einem großen Gehege zu bestaunen. Es gibt sogar wilde Kamele im Outback, was nicht allgemein bekannt ist. Aber selbst die dort lebenden Menschen bekommen sie selten zu Gesicht.

In einem Souvenirladen entdeckte ich eine schöne Tischdecke mit Motiven der Höhlenmalereien aus dem Kakadu-Nationalpark, die ich sofort kaufte. Sie ziert nun zu Hause meinen Wohnzimmertisch.

Bei den Olgas angekommen, wurde eine sehr anstrengende Wanderung von ca. 90 Minuten angeboten, die mitten durch die bizarre Welt der rötlich schimmernden Felsen führte, oft auf glattem Fels, wo man kaum Halt für den Fuß fand, mit gefährlichen Steigungen und grandiosen Ausblicken. Nicht alle älteren Teilnehmer kamen mit, vielleicht auch abgeschreckt von den Warntafeln auf dem Parkplatz, die vor Hitzschlag bei der Anstrengung warnten und empfahlen, mindestens einen Liter Wasser pro Stunde zu trinken, festes Schuhwerk zu tragen und Sonnencreme und Kopfschutz nicht zu vergessen. Ich war stolz, dass ich mit den anderen mithalten konnte.

Danach fuhren wir zum 30 km östlich gelegenen Uluru, den man laut Führer unbedingt einmal im Leben bei Sonnenuntergang gesehen haben muss. Der Parkplatz davor war voller Busse und vieler Menschen. Besonders verwöhnte Genießer saßen bereits auf mitgebrachten Stühlen und hatten ein Glas Sekt in der Hand. Wir zückten unsere Fotoapparate und mischten uns unter das Volk. Um 18.50 Uhr erstrahlte der ca. dreieinhalb Kilometer lange und 348 Meter hohe Felsen noch in leuchtendem, rötlichem Orange. Innerhalb von Minuten wechselte er dann zuerst zu hellem, dann zu dunklem Lila, dann zu dunklem Blau, und gegen 19 Uhr, als die Sonne untergegangen war, lag er tiefschwarz vor uns.

Vereinzelt klang Applaus auf. Danach leerte sich der Parkplatz schnell, denn nun gab es nichts Besonderes mehr zu sehen. Auch wir fuhren, noch immer ergriffen von diesem rasanten, schnell wechselnden Farbenspiel, die 30 km zu unserer Unterkunft in der Nähe der Olgas zurück. Dort waren wir in hohen Ein-Mann- oder Zwei-Mann-Zelten mit Pritschen zum Schlafen untergebracht. Sie stehen dort zur Benutzung für die Touristen, ehe sie in der Regenzeit abgebaut und später für die Saison wieder aufgebaut werden. Ich schlief alleine in meinem Zelt und deckte mich mit allem zu, was ich hatte, denn es wurde recht kühl in der Nacht.

Geführte Touren sind nichts für Langschläfer. Ich musste in aller Herrgottsfrühe aufstehen und mich beeilen, um in der Halle nebenan ein einigermaßen stärkendes Frühstück zu bekommen, ehe es um Punkt 6 Uhr los ging. Diesmal stand die Umrundung des Uluru auf dem Programm, und zwar zu Fuß. Dafür wurden uns 90 Minuten zugestanden. Sicher wäre der eine oder andere auch gerne auf den Gipfel des Felsens gestiegen, aber bei unserer Ankunft lasen wir, dass dies heute verboten sei, „due to strong winds at summit".

Das ist überhaupt ein heikles Thema, denn der Felsen gilt als heilig bei den Aborigines und sollte deshalb ihrer

Ansicht nach überhaupt nicht bestiegen werden. Leider kümmerte das damals die Touristen wenig, sondern die Abenteuerlust überwog, und es wurde fast schon zum Sport, wenigstens einmal dort oben gewesen zu sein. Unfälle, ab und zu sogar mit tödlichen Folgen, machten das Ganze in ihren Augen sogar noch attraktiver. Erst viel später setzten die Aborigines endlich ihren Willen durch, so dass es heute generell bei Strafe verboten ist, hinaufzusteigen. Außerdem gibt es inzwischen eine größere Sperrzone um den berühmten Felsen herum, so dass man ihm nicht mehr so nahe kommen kann wie wir damals.

Helen, eine Kanadierin aus Toronto, und ich umrundeten ihn gemeinsam zu Fuß. Dabei freundeten wir uns an und besuchten uns später in Toronto und in Deutschland. Diese Freundschaft besteht bis heute.

Dann ging die Tour weiter. Mittags hielten wir plötzlich mitten in der Wildnis an. Wir mussten alle ausschwärmen, um Holz für das Lagerfeuer am Abend zu sammeln. Craig kletterte auf das Dach des Anhängers und nahm unsere Zweige und Äste entgegen, die er dann dort festzurrte. Dabei spornte er uns immer wieder an, noch mehr zu sammeln, da er aus Erfahrung wusste, dass man viel Holz braucht, um bei offenem Feuer ein Abendessen für 21 Personen zuzubereiten. „Go on", rief er, und „beware of snakes", was allerdings, um ehrlich zu sein, meine Sammelfreudigkeit aus Angst vor Schlangen ziemlich beeinträchtigte.

Endlich hatten wir ihn zufrieden gestellt, und die Fahrt zum „Kings Creek-Camp" im „Watarrka National Park" weiter nördlich vom Uluru wurde fortgesetzt. Als wir gegen Abend dort ankamen, war bei der Zubereitung des Dinners wieder unsere Mithilfe gefragt: einige zerkleinerten das Holz, andere das Gemüse, die Kartoffeln durften nur gewaschen, nicht aber geschält, der Brotteig musste geknetet werden – alle waren beschäftigt und sahen das Ganze als einen Riesenspaß an. Das Garen unserer Mahlzeit dauerte gut zwei Stunden. Danach aßen wir alles auf, da es köstlich schmeckte. Viele blieben dann noch am Lagerfeuer sitzen, bis auch das letzte unserer gesammelten Holzstöckchen zu Asche zerfiel. Diesmal teilte ich mein Zelt mit Helen.

Der nächste Tag fing genauso früh an wie der vorherige, doch gab es zusätzlich jede Menge unvorhergesehene Überraschungen. Zunächst regnete es, sogar ziemlich heftig, was wir gar nicht mehr gewöhnt waren. Dann riss am Bus der Keilriemen. Wir bekamen einen Ersatzbus geschickt, der jedoch ziemlich spät eintraf und die Tagesplanung gehörig durcheinander brachte.

Craig entschied sich für einen anderen Einstieg in den berühmten „Kings Canyon". Das bedeutete das Erklimmen einer fast senkrecht nach oben gehenden, in den Fels gehauenen Treppe, mit einem daneben hängenden Seil zum Festhalten. Aus Sicherheitsgründen durfte immer nur eine Person aufsteigen. Die Jugend war schnell oben, einige Senioren hatten sich aber überschätzt und kletterten auf halbem Weg wieder rückwärts hinunter. Helen blieb gleich freiwillig unten. Ich wollte es unbedingt schaffen, glaubte aber kurz vor Schluss, dass meine Kraft doch nicht reichen würde. Da wurde mir von oben lautstark Mut gemacht, viele helfende Hände streckten sich mir entgegen und zogen mich von den letzten Stufen aus über den Rand hinauf in Sicherheit.

Es hatte sich gelohnt! Was nun folgte, war eine dreistündige, sehr anstrengende Wanderung mit den unglaublichsten Ausblicken. Wir umrundeten eine Schlucht mit einem See, der „Garden of Eden“ hieß und wirklich so schön wie im Paradies vor uns lag. Wir erklommen rutschige Felsen und mussten ab und zu tiefe Spalten überspringen, was ich besonders schwierig fand – es ging rauf und runter, in einem ziemlichen Tempo, und ich glaube, mein Schutzengel hat da oben genauso doll geschwitzt wie ich!

Endlich kamen wir alle heil wieder bei unserem Bus an, in den die „Nicht-Kletterer“ schon vorher eingestiegen waren. Ich hatte den für mich schönsten, aufregendsten, interessantesten, schlichtweg atemberaubendsten Ausflug auf meiner Australienreise erlebt!

Mein neues Ziel war danach die Westküste. Von Alice Springs bis Perth dauerte die Zugfahrt drei Tage und zwei Nächte, mit einem eintägigen Aufenthalt in Adelaide. Um zu sparen, hatte ich auf ein Bett im Schlafwagen verzichtet. Aber ich kaufte mir ein großes, herrlich weiches und leichtes Kopfkissen, das auf den kommenden nächtlichen Reisen im Bus oder auf der Bahn fast ein Bett ersetzte. Und in einem Laden mit Original-Bildern der Aborigines erstand ich ein Ölgemälde auf Leinwand, für das ich eingerollt immer noch Platz im Rucksack fand.

Die erste Nacht im Zug saß ich neben einer schwedischen Krankenschwester. Man konnte sich gut mit ihr unterhalten, und in der Nacht lehnten wir uns aneinander und versuchten irgendwie, eine bequeme Schlafstellung zu finden. Am Morgen meinte sie, sie wolle mal schauen, ob eine Toilette frei sei. Als sie zurückkam und ich in ihr entsetztes, vollkommen verzweifeltes Gesicht blickte, dachte ich: „Die Toiletten hier müssen ja furchtbar sein." Da berichtete sie von der Nachricht, die sie gerade auf ihrem Handy erhalten hatte – von dem Angriff auf das „World Trade Centre" in New York und den anderen beiden Flugzeugabstürzen und den Tausenden von Toten „Nine Eleven"! Ich war genauso geschockt wie sie und kaufte bei der ersten sich bietenden Gelegenheit eine Zeitung, um mehr zu erfahren. Dieses Ereignis überschattete wirklich alle Urlaubsfreude auf neue Abenteuer.

In Adelaide war keine Zeit, mit der Familie meiner Kusine Kontakt aufzunehmen, denn ich stieg von dem Zug „Ghan" bald um in den Zug „Indian Pacific". Hier hatte ich mehr Beinfreiheit und entwickelte für die Nacht einen guten Trick: über den Vordersitz hängte ich eine meiner Taschen, die dann als Stütze für meine eingehängten Beine diente. Das war fast so gut wie ein Bett.

Die Entfernung von Adelaide bis Perth beträgt 2.700 km. Wir fuhren durch die „Nullarbor Plains", eine baumlose, sehr eintönige, wüstenähnliche Landschaft. In Cook, einer Bahnstation mit drei Häusern, stiegen viele Reisende aus, um sich in den wenigen Minuten, in denen der Zug hier hielt, ein bisschen die Beine zu vertreten.

Inzwischen kannte man sich untereinander, machte ein bisschen „Smalltalk", stieg wieder ein, las ein bisschen, ich häkelte ab und zu und langweilte mich trotz der eintönigen Landschaft und der Länge der Fahrt kein bisschen. Da wir in eine neue Zeitzone fuhren, mussten wir nun die Uhren um 90 Minuten vorstellen.

In Kalgoorlie mit immerhin 30.500 Einwohnern hatten wir drei Stunden Aufenthalt. Die Stadt war vor ca.100 Jahren durch die Entdeckung von Goldminen bekannt geworden. Wir Eisenbahnfahrer strömten in die Restaurants und bestellten Pizza und Bier, um eine gute Grundlage für die nächste Nacht im Zug zu schaffen. Als wir uns wieder dem Bahnhof näherten, sprach mich eine Frau aus meinem Abteil an: ich sei doch Deutsche, und ich würde von einer anderen Deutschen gesucht. Das konnte ich mir ja nun gar nicht vorstellen, beschleunigte aber meine Schritte, um diesem Rätsel auf den Grund zu kommen.

Kaum hatte ich mein Abteil betreten, als eine mir unbekannte junge Frau auf mich zukam und fragte, ob ich Frau Kässbohrer sei. Sie sei die Nichte von Clausens aus meinem Heimatort, arbeite in einem Reisebüro in München und hätte von ihrem Onkel und ihrer Tante von meinen Reiseplänen gehört. Sie mache diese Zugfahrt aus beruflichen Gründen, während ich ja wohl aus Spaß hier sei. In der Heimat würden meine Abenteuer mit großem Interesse verfolgt, und so habe sie sich gedacht, dass es eventuell klappen könnte, mich unterwegs irgendwo zu treffen.

Ich war baff, in Kalgoorlie nach über einem Vierteljahr des Herumreisens mit meinem Namen und auf Deutsch angeredet zu werden! Die junge Frau, die ich ja nicht kannte, aber offenbar ihre Verwandtschaft, war nett und aufgeschlossen. Wir tauschten Reiseerfahrungen aus, bis der Lokführer zur Weiterfahrt pfiff. Da ging sie wieder in ihren Wagen, und ich kehrte kopfschüttelnd und immer noch erstaunt zu meinem Platz zurück.

Um die Auflösung des Rätsels vorwegzunehmen: Als ich nach meiner Rückkehr nach Hause meinen Clausen-Freunden lachend von dem zufälligen Treffen mit ihrer Nichte erzählte, erwiderten sie erstaunt, dass sie keine Nichte in einem Reisebüro in München hätten. Da aber der Name „Clausen" in meinem Heimatort sehr oft vorkommt und meine Freunde sowieso in der Nachbarschaft bestens orientiert sind, stellte sich bald heraus, dass ich im Zug in Australien die Nichte meines Fahrradhändlers mit Namen Clausen getroffen hatte.

Durch meine gelegentlichen Berichte nach Hause und dem Eingeständnis der gescheiterten Radtour, die ja alle sowieso von Anfang an vorausgesehen hatten, war ich zu einer Art Berühmtheit geworden, und alle meine weiteren Abenteuer willkommene Gegenstände von Klatsch und Tratsch.

Das hatte ich nicht gewusst, aber in einer Kleinstadt muss man damit rechnen. Inzwischen schämte ich mich ja nun nicht mehr, sondern stand zu meinen Reinfällen. Nur wer nichts tut, macht keine Fehler, heißt es nicht zu Unrecht. Dies aber ist wiederum in sich ein Widerspruch, da „nichts zu tun“ meiner Ansicht nach per se schon als Fehler angesehen werden kann.

Im Laufe des Vormittags kamen wir in Perth an, einer Stadt mit 1,1 Millionen Einwohnern malerisch am Swan River und am Indischen Ozean an der Westküste gelegen. Ich hatte ein Zimmer in einem Hostel in Scarborough gebucht, außerhalb der Stadt, nahe am Strand, für mich ideal. Es gab eine gute Bus- und Bahnverbindung ins Zentrum. Perth hatte sowohl kulturell wie auch landschaftlich viel zu bieten. Als erstes allerdings musste ich meine nächsten Schritte planen – ein Muss für jeden Alleinreisenden, der ja glücklicherweise frei in seinen Entscheidungen ist, diese dann aber auch treffen muss.

Mit meinen Geschwistern hatte ich bereits die Verlängerung meiner viel kürzer geplanten Radtour abgesprochen. Wir betreuten nämlich abwechselnd meine damals 94-jährige Mutter, aber alle meinten übereinstimmend, sie würden es auch ohne mich schaffen, und ich könne bleiben, solange ich wolle. So entschied ich mich zunächst für eine zweitägige geführte Bustour in den Süden und eine fünftägige in den Norden. Ein Rückflug nach Sydney schien, zumindest für die nächste Zeit, aussichtslos, weil die Fluggesellschaft Quantas gerade in den Konkurs gegangen war und die anderen Fluggesellschaften wie „Ansett“ und „Cathay“ auf Wochen im voraus ausgebucht waren. Schleunigst reservierte ich einen Sitzplatz für die dreitägige Bahnstrecke Perth-Sydney, wofür ich wegen der verständlicherweise großen Nachfrage eine ganze Woche Wartezeit einplanen musste.

Inzwischen war es Mitte September geworden. Obwohl es in Perth viel zu sehen gab, u. a. eine ausgezeichnete, sogar auf Deutsch gesungene „Hochzeit des Figaro", packte mich nun doch ab und zu ein gewisses Heimweh. Als ich auf einer Busfahrt durch die Vororte plötzlich das überall bekannte, blau-gelbe Schriftbild von IKEA erblickte, erinnerte ich mich wehmütig an viele unbeschwerte Shoppingtouren mit meiner Tochter durch das schwedische Möbelhaus und an den Besuch der Cafeteria am Schluss, wo wir die köstlichen typisch schwedischen Hefestückchen verzehrten. Kurz entschlossen stieg ich aus und besuchte die wohlbekannten Ausstellungsräume. Zu meinem großen Erstaunen und sehr erfreut konstatierte ich, dass hier alles genauso war wie in Deutschland. Fast hörte ich meine Tochter sagen: „Guck mal, wie findest du diese Regale?" und hörte mich antworten: „Doch, hat was".

Seltsam getröstet, wenn auch immer noch ein bisschen traurig, wandte ich mich nach einiger Zeit des Herumschlenderns wieder dem Ausgang zu, wurde dort aber sehr unsanft in die Wirklichkeit zurückgeholt, als ein finster aussehender Wachmann sich mir plötzlich in den Weg stellte und mich barsch aufforderte, meine Tasche zu öffnen. Keine Ahnung, was ihn veranlasst hatte, in mir eine Ladendiebin zu vermuten. Immer noch schlecht gelaunt, durchsuchte er meine Handtasche und ließ mich dann, ohne sich zu entschuldigen, laufen.

Die anschließende Zwei-Tages-Tour in den Süden durch die „Walpole-Nornalup-Area" bis Albany, einer kleinen Stadt mit nur 20.500 Einwohnern, hatte wieder viele Höhepunkte zu bieten. Zwar regnete es an beiden Tagen, und es war kalt, aber das fand ich nicht so schlimm. Wir machten an einem Baum Halt, an dem an einer Seite Stufen angebracht waren. Man konnte aus Spaß dort bis in luftige Höhe hinaufklettern, was sogar einige aus unserer Gruppe taten. Aber als wir etwas später im „Valley of the Giants", im „Tal der Riesen", über eine etwa 600 Meter lange Hängebrücke gehen wollten, hatten viele aus der Gruppe Angst davor, sich hinüber zu wagen. Die Brücke war in einer Höhe von 40 Metern über 1.000 Jahre alten Bäumen angebracht und schwankte bedenklich, wenn man darauf stand.

Es durften sich nie mehr als 10 Leute auf einmal dort aufhalten. Ich hatte seltsamerweise keine Angst, hinüber zu gehen, sondern genoss den herrlichen Rundblick über das Tal.

Am zweiten Tag der Tour unternahmen wir bei starkem Wind fast schon gefährliche Klettertouren auf den Felsen am Strand, aber jeder wollte die besten Fotos von meterhoher Gischt, Felsen, Wellen und Meer schießen. Wegen des Sturmes fiel ein geplanter Segelausflug mit Walbeobachtungen aus. Stattdessen besuchten wir eines der dort berühmten Weinanbaugebiete und bekamen ausgezeichnete Proben zum Kosten, ehe wir nach Perth zurückfuhren.

Bei dieser Tour erlebte ich zum ersten Mal, dass die Teilnehmer am Schluss in ein Gästebuch ihre Kommentare eintragen konnten. Ich schrieb: „You are a good guide, Steve, but I do prefer drivers using safety-belts." Tatsächlich war er die ganze Zeit nie angeschnallt gewesen, was ich wirklich unverantwortlich fand. Ob meine Worte geholfen haben? Hoffentlich, denn deshalb hatte ich sie ja geschrieben.

Meine anschließende geführte Tour, die letzte in Australien, ging an der Westküste entlang nach Norden bis Exmouth. Von den 20 Teilnehmern aus England und Asien war ich mal wieder die Älteste. Als erste Attraktion wurden uns in echten Dünen Skier angeboten, auf denen man auf gut gewachsten Brettern kleine Hänge hinuntersausen konnte. Alle machten kreischend und ausgelassen mit, während ich vorsichtigen Abstand hielt. Ich wollte nach meinen bis jetzt mehr oder minder heil überstandenen Touren nun am Ende nichts mehr riskieren.

Die Weiterfahrt zum „Pinnacles Desert" im „Nambung National Park" war spektakulär: wie in einer Mondlandschaft gab es dort bizarr geformte Kalksteinsäulen, deren Höhe zwischen wenigen Zentimetern und bis zu fünf Metern schwankte. Wir durften im Sand herumlaufen und bekamen 30 Minuten zugestanden, um Erinnerungsfotos zu machen.

Unsere Unterkunft für die Nacht war in einem Hostel im „Kalbarri National Park". In der dortigen Küche halfen wieder alle beim Zubereiten des Abendessens, das aus Kartoffeln, Zwiebeln, Würstchen, Koteletts und Salaten bestand. Wie zu erwarten, schmeckte es köstlich. Ich schlief in einem Achtbett-Zimmer mit den netten Asiatinnen aus unserer Gruppe.

Wie üblich, mussten wir am nächsten Morgen wieder früh aufstehen. Dank einer ganz besonderen Wolkenbildung gelangen mir hier ein paar sehr schöne Sonnenaufgangsbilder am Meer. Auf der Fahrt zum Zentrum des Nationalparks sahen wir vom Bus aus zwei wilde riesige Emus, denen ich von Nahem und alleine nicht gerne begegnet wäre. Und plötzlich hielt John, unser Fahrer, an und ließ uns alle aussteigen. Er bückte sich und hob von der Straße ein kleines Tier auf, das er uns auf seiner Handfläche entgegenhielt. Es sah aus wie eine kleine Eidechse mit Stacheln, war aber der überaus giftige „Thorny Devil". John sagte, als er ihn aufgehoben hätte, hätte das Tier eine Art „Verteidigungshaltung" angenommen, die es ganz steif werden ließ. In dieser Haltung sei es nicht gefährlich. In dem Augenblick allerdings, in dem er es wieder absetzen würde, kämen seine Instinkte zurück, und es würde bei der geringsten Berührung seine giftigen Stacheln einsetzen, die tödlich seien. Wir machten eiligst Fotos und waren von Johns Mut, dieses Tier aufgehoben zu haben, tief beeindruckt.

Beim nächsten Stopp mitten in der Wildnis zeigte John, was uns als Nächstes erwartete: Tief unter uns lag eine Schlucht, die wir aufsuchen wollten. Dann sollte es am Wasser entlang wieder nach oben gehen, und dann im Bogen zurück zu unserem Bus. Mein Mut sank, als wir mit dem Abstieg begannen. Der Weg führte steil nach unten. Oft wusste ich nicht, wohin ich meinen Fuß setzen sollte und woran ich mich festhalten konnte, um nicht abzustürzen. Wie schon bei vorherigen geführten

Touren fand ich, dass der Sicherheitsaspekt völlig außer Acht gelassen wurde. Wie selbstverständlich wurde eine ausgezeichnete körperliche Verfassung der Teilnehmer vorausgesetzt. Vielleicht war das auch der Grund, warum ich so selten auf andere Senioren traf? Jedenfalls war ich in den letzten Wochen oft am Limit meiner Kräfte angekommen. Ich biss die Zähne zusammen und versuchte, das Tempo der Gruppe zu halten. Es wurde allmählich heiß, und meine Konzentration ließ nach. Plötzlich stolperte ich und fiel der Länge nach hin. Alle schrien auf und machten John, der an der Spitze marschierte, auf mein Unglück aufmerksam. Er kam zurück, klopfte mich ab und ließ mich von da an immer direkt hinter ihm herlaufen. Nun gab es an kritischen Stellen öfter eine helfende Hand, die ich dankbar ergriff, und auch der Rest der Gruppe zeigte sich nun bemüht um meine Sicherheit.

Viel später in Deutschland hörte ich von anderen geführten Touren in Australien, die mit Knochenbrüchen und sogar einmal tödlich geendet hatten. Zu meiner Zeit haben uns unsere Schutzengel zum Glück ausnahmslos beigestanden.

Der nächste Tag war mit Schwimmen und dem Besuch einer Fischaufzuchtstation in Denham ausgefüllt. Den Sonnenuntergang verleben die Australier gerne am Strand, indem sie auf mitgebrachten Stühlen sitzen und dieses immer wieder herrliche Schauspiel mit einem Picknick verbinden. Da es hinterher fast schlagartig dunkel wird, muss die Rückkehr gut organisiert werden. Diesem Ritual des Sonnenuntergangbetrachtens, der fast schon meditativen Charakter hat, schlossen sich meine Gruppen oft und gerne an.

Ein Ausflug nach „Monkey Mia", 26 km nördlich von Denham, führte uns auf die andere Seite der Halbinsel. Seit ca. 1960 schwimmen hier mehrmals am Tag kleine Gruppen von wilden Delphinen vom Meer aus heran, um sich von Rangern, die Handschuhe tragen, mit frischem Fisch füttern zu lassen.

Dies ist eine große Touristenattraktion und um so erstaunlicher, als es das ganze Jahr hindurch klappt, wie durch geheime Absprache mit den Tieren. Die Ranger tragen Handschuhe, damit die Tiere beim Füttern nicht in Berührung mit menschlicher Haut kommen, die Krankheiten übertragen könnten.

Unsere nördlichste Station war Exmouth. Vorher, in Coral Bay, wurde eine Fahrt aufs Meer hinaus in einem Glasbodenboot angeboten. Langsam glitten wir über herrlich leuchtenden Korallen dahin, die ohne Schnorchel und Tauchanzüge im Trockenen durch durchsichtigen Boden hindurch wunderbar betrachtet und fotografiert werden konnten.

Unwillkürlich gingen meine Gedanken zu dem von Panik erfüllten Tauch-Abenteuer an der Ostküste auf meiner nicht sehr erfolgreichen Schiffstour im Juli zurück. Wie viel hatte ich seitdem erlebt! Ich fragte mich, ob ich seitdem mutiger geworden sei. Das musste ich verneinen, doch mit Sicherheit hatte ich in vielerlei Hinsicht mehr Erfahrung gesammelt.

Meine Reise nach Neuseeland

Die Woche in Perth vor der langen Rückfahrt im Zug nach Sydney verging schnell. Mir war klar geworden, dass ich trotz gelegentlichen Heimwehs noch keine Lust verspürte, nach Deutschland zurückzukehren. Inzwischen war es Oktober geworden. Neuseeland schien mir ein gutes, neues Reiseziel zu sein. Gerade noch rechtzeitig merkte ich, dass dies ein vollkommen anderes Land war, das mit Australien nur die Sprache gemeinsam hat.

Deshalb musste ich nun auch mein australisches Konto auflösen und die Einreisebestimmungen für Touristen klären. Ich buchte einen Flug von Sydney nach Auckland, klärte für die erste Zeit die Übernachtungen und gab mal wieder ein großes Paket per Schiffsfracht nach Deutschland auf, um mit leichterem Gepäck weiter zu reisen. Somit hatte ich alles gut organisiert, als ich die dreitägige Bahnfahrt nach Sydney antrat.

In den gut drei Monaten meines Aufenthaltes in Australien hatte ich überwiegend Positives erlebt, doch als ich im Flugzeug saß und von meinem Fensterplatz aus noch einmal einen grandiosen Blick über Sydney und die „Blue Mountains“ genoss, musste ich mir eingestehen, dass ich gerne hier gewesen war, aber genauso gerne auch wieder wegflog.

Nach der Landung auf der Nordinsel Neuseelands glaubte ich zu bemerken, dass die Menschen hier anders miteinander umgingen. Die Maori, die Ureinwohner, schienen präsenter und besser integriert als die Aborigines in Australien. Das Leben um mich herum pulsierte, doch fehlte die Hektik. Man begegnete mir freundlich, doch noch distanziert.

Als erstes besorgte ich mir neuseeländische Dollars, als zweites eine Karte des Landes und als drittes einen Stadtplan von Auckland. Dann verlängerte ich den Aufenthalt in meinem Zimmer im Hostel im 7. Stock für mehrere Tage, da ich mir erst einmal klar werden musste, wie es nun weitergehen sollte.

Zum Nachdenken ging ich zum Hafen, wo sich vor meinen erstaunten Augen ein riesiger, sogar doppelter Regenbogen über das Wasser spannte. Und plötzlich wusste ich, was ich wollte: Neuseeland mit dem Fahrrad erobern! Es gab die Nord- und die Südinsel, die Entfernungen waren überschaubar, ich hatte Zeit und Lust dazu – was konnte es Besseres geben?

Im nahen Fahrradladen schilderte ich dem netten Chef – er stellte sich ganz unkompliziert als Bruce vor – meine Lage. Er meinte auch, es sei machbar. Es folgten mehrere Tage der Verhandlungen über den Kauf gebrauchter Fahrräder und Anhänger, auch Buchkäufe und das Studium von Tourenvorschlägen, daneben natürlich Museums- und Konzertbesuche, da Auckland auch kulturell viel zu bieten hat.

Nach fünf Tagen war es endlich so weit. Ich holte das gebrauchte Fahrrad und den gebrauchten leeren Anhänger bei Bruce ab, holte mein Gepäck aus dem Aufbewahrungsraum des Hostels und versuchte nun, alles auf dem Anhänger unterzubringen. Leider vergeblich. Alles wackelte und drohte umzukippen. Ich gab nicht auf, sortierte das Gepäck um, packte alles wieder auf, mit noch weniger Erfolg, denn nun wackelte es nicht nur, sondern bald lag alles auf dem Boden, das Fahrrad, der Anhänger und mein Gepäck.

Dummerweise hatte ich mir für das Packen einen relativ belebten Platz vor dem Hostel ausgesucht und fand bald einen Kreis von freiwilligen Helfern um mich herum, die gerne anfassten, um mir zu helfen und alles zu stabilisieren. Wir hatten aber keinen Erfolg, und natürlich fehlte es nun auch nicht an ironischen Bemerkungen, dass ich vielleicht doch zu viel Gepäck für eine Radtour mit mir führte.

Kurzentschlossen nahm ich meinen großen Rucksack auf den Rücken, ließ nur das Kleinzeug und die Gitarre auf dem Anhänger und schob das Ganze mühsam bis zu Bruce's Laden. Ich dachte: „Wenn einer einen Rat weiß, dann er." Mit einem Blick hatte er auch folgerichtig diese neue Situation erfasst. Er befahl seinen Lehrlingen, all mein Gepäck in den Flur neben dem Laden zu tragen. Dann sagte er zu mir: „Now you take out everything. To the right side you put the things you need here, to the left side the stuff you don't. Then we'll see what to do next." (dt.: Jetzt nehmen Sie alles heraus. Auf die rechte Seite legen Sie die Dinge, die Sie hier brauchen, auf die linke Seite die Sachen, die Sie nicht brauchen. Dann sehen wir, was als Nächstes zu tun ist.)

Ich begann folgsam, auszupacken, doch beim Sortieren haperte es, da ich mich einfach nicht entscheiden konnte. Nach einer Stunde hockte Bruce sich neben mich und machte kurzen Prozess. Trotz meiner empörten Einwände hatten wir bald zwei ungefähr gleich große Haufen. Nun schickte er mich zur Post. Ich kam mit acht großen gefütterten Umschlägen wieder, in die die unwichtigen Sachen gepackt wurden. Ich zahlte ein Vermögen dafür, dies alles nach Hause zu schicken, doch war die Aktion von Erfolg gekrönt. Als ich jetzt mit ungefähr der Hälfte meines ursprünglichen Gepäcks den Anhänger belud, kippelte er nicht mehr und hielt die Spur, als ich eine Proberunde vor dem Laden drehte.

Inzwischen war es Nachmittag geworden. Bruce meinte, ich solle nun die Vorortbahn bis Papakura nehmen und von dort gleich die Ausfallstraße in den Süden. Dann sei ich schon mal auf dem richtigen Weg und könne bis zum Einbruch der Dunkelheit die erste Etappe meiner geplanten Radtour in Angriff nehmen. Er schickte einen seiner Lehrlinge mit, der mir mit Fahrrad und Anhänger in den Zug half. Er wehrte lächelnd meine Dankesworte ab und dachte wahrscheinlich: „Thank god, at last she is on the way!"

Die ganze Peinlichkeit dieser Situation wurde mir erst im Laufe der nächsten Stunden bewusst. Ich schämte mich plötzlich entsetzlich, dass ich wie ein kleines Kind Bruce meine Probleme hatte lösen lassen. „Wie konnte ich mich nur so schrecklich blamieren", dachte ich, „was muss er bloß von mir denken? Gut, dass ich ihm nie mehr unter die Augen treten werde. Ab jetzt schaffe ich alles alleine." Ein großer Irrtum, wie sich bald herausstellen sollte.

An meinem ersten Radeltag kam ich nicht mehr weit, da die Schaltung klemmte und die Kupplung des Anhängers nicht fasste. Das alles wurde am nächsten Tag in einem anderen Fahrradladen repariert, doch kann ich zusammenfassend sagen, dass ich im Verlauf meiner Radtour überdurchschnittlich oft Probleme mit der Technik hatte, was die ganze Sache nicht gerade erleichterte.

Auch hier musste ich wegen zu großer Steigungen ab und zu schieben, und es gab auch hier keine Radwege und dichten Verkehr, aber niemand hupte mich an, und ich war wegen des leichteren Gepäcks nicht überfordert und hatte gute Laune.

Hätte mich an dem zweiten Tag, an dem ich mit dem Rad unterwegs war, in einem Selbstbedienungsladen nicht eine etwas ältere Frau angesprochen und mich zum Tee in ihr Haus eingeladen, hätte ich sicher auch noch die Südinsel erkundet, Neuseeland richtig gut kennengelernt und wäre irgendwann zufrieden und glücklich nach Hause zurückgekehrt. So hätte der Schluss in einem Märchen gelautet.

Ich aber dachte, als ich zum Tee eingeladen wurde: „Das ist aber nett von der Frau. Auf diese Weise kann ich schon mal ein bisschen Land und Leute näher kennenlernen", und sagte zu. Meg wohnte in der Nähe, hatte Haus, Mann, Tochter, Schwiegersohn und einen kleinen Enkel und war ungeheuer besitzergreifend.

Ich war ein leichtes Opfer für sie. Die Einladung zum Tee hatte mir gefallen, doch alles Weitere störte mich. Obwohl ich schon viele Krisen in meinem Leben gemeistert hatte und durchaus in der Lage war, mich durchzusetzen, wenn ich dies wollte – bei Meg stieß ich auf Granit. Ich hatte fest vor, nach dem Tee weiterzuradeln, doch davon wollte sie nichts hören.

Ihre Tochter Kathy guckte sich erstmal mein Hinterrad an, das schleifte, und fragte mich ganz nebenbei, ob ich nicht Lust hätte, meinen Lebensabend in einem der *retirement villages* in Neuseeland zu verbringen. Die seien sehr beliebt, gut ausgestattet, ideal für Senioren usw. Ich hörte höflich zu, war aber nicht sonderlich interessiert. Dann fuhr sie mit Mann und Kind weg.

Meg überredete mich, über Nacht zu bleiben. Ich war fast in den Stand eines Familienmitglieds aufgestiegen, als ich, wenn auch widerstrebend, nachgab. Zum Abendessen gingen wir zu Freunden in der Nachbarschaft. Er war Pilot, sie Lehrerin, ihre Villa ein Traum. Alle waren an meinen Erlebnissen in Australien interessiert und ohne Frage sehr nett.

Als wir wieder zu Hause waren, entschied Meg, dass die nächsten Berge, die mich erwarteten, zu beschwerlich seien. Sie entschied, mich am nächsten Morgen bis ins Flachland mit dem Auto zu fahren, nicht ohne mir vorher den Tapapakunga-Regionalpark zu zeigen. Ihr Mann fand den Plan auch gut, und ich wurde gar nicht groß gefragt.

Bevor wir am nächsten Morgen losfuhren, gab sie mir noch die Adressen ihrer Schwester mit, ihres Cousins in einem ‚retirement village' und von Freunden in Wellington. Ich dachte: „Irgendetwas muss ich ändern, oder ich komme hier nie weg."

Es wurde früher Nachmittag, bis wir uns endlich mit vielen Umarmungen trennten und ich meinen Weg alleine fortsetzen durfte. Um es vorwegzunehmen: Unser Kontakt bestand noch ca. zwei Jahre nach meiner Rückkehr nach Deutschland. Dann schlief er ein.

Meg's Herzlichkeit habe ich so ähnlich in Neuseeland noch oft erlebt. Überall wurde ich ausgesprochen freundlich empfangen. Alles war sauber, die Preise nicht zu hoch, das Wetter überwiegend gut, die Steigungen beim Radeln machbar.

So fuhr ich eine Woche fröhlich vor mich hin, bis ich in die Nähe von Meg's Cousin kam und nun doch, neugierig geworden, telefonisch anfragte, ob sie mir ihr Seniorenheim wohl einmal zeigen könnten. Ich sei eine Bekannte von Meg. Niels, der Cousin, und Elsa, seine Frau, waren gleich hocherfreut über meinen Anruf, da ich von Meg, wie sollte es auch anders sein, bereits angekündigt worden war.

Diese *retirement villages* in Neuseeland sind ohne Frage ein Traum. Man stelle sich eine kleine Siedlung von geräumigen Bungalows vor, im Zentrum ein größeres Haupthaus, eine Auffahrt durch ein Tor und eine Allee wie zu einem Schloss. Überall gepflegte Grünanlagen und blühende Blumenbeete, ein Swimmingpool, Sportanlagen, eine eigene Bücherei, eigene Geschäfte – und bezahlbar dazu!

Ich durfte Niels‘ und Elsas Haus besichtigen, dann lud mich der freundliche Nachbar zu einem Rundgang in seinem Haus ein, und am Schluss kam der Chef der Anlage, Mike, ein freundlicher Ire, dazu. Er erklärte mir die Konditionen und gab mir die Unterlagen für eine Anmeldung mit.

Warum nur war niemand dieser netten Menschen, mich eingeschlossen, spätestens jetzt auf die Idee gekommen, sich mit der rechtlichen Seite eines Umzugs nach Neuseeland zu beschäftigen? Wenn ich gleich gehört hätte: „Schön, aber verboten!“, wäre mir manches erspart geblieben, aber Umwege gehören wohl zum Leben dazu.

Niels und Elsa zeigten mir noch den nahen Strand. Ich kaufte für uns alle drei ein großes leckeres Eis, und gemeinsam schwelgten wir in Zukunftsträumen. Wir hatten so einen vertrauten Umgangston, als hätten wir uns schon ewig gekannt.

Danach fand ich im Hostel in Tauranga ein Zimmer für mehrere Nächte, und in Wendy, der netten Herbergsmutter, eine echte Freundin und Beraterin. Geblendet von den Vorzügen dieser *retirement villages*, die durch einen weiteren Besuch in einem anderen Ort bestätigt wurden, machte ich mich per Bus auf den Weg zum „Immigration Office“ in Hamilton, das 100 km entfernt lag.

Nach vielen Telefonaten und Mails mit meinen Kindern und Geschwistern war ich nämlich tatsächlich entschlossen, die Radtour abzubrechen, heimzufliegen, dort alles zu regeln und nach Neuseeland auszuwandern! Aus heutiger Sicht dumm und kurzsichtig, aus damaliger Sicht rosarot und verführerisch.

Im „Immigration Office" fragte ich, was ich tun müsse, um einwandern zu dürfen. Ich bekam eine ziemlich dicke Broschüre mit 1.000 Fragen in die Hand gedrückt, die ich zunächst einmal beantworten solle. Was ich jetzt nicht wisse, könne ich in Deutschland ausfüllen. Dann solle ich alles nach London schicken und auf die Antwort warten. Das hörte sich an, als ob es machbar sei. Ich telefonierte mit meiner Fluggesellschaft und buchte einen Flug in einer Woche, da es nun Zeit wurde, Nägel mit Köpfen zu machen.

Erst Wendy schaffte es, mich auf den Boden der Tatsachen zurückzuholen. Sie schüttelte sorgenvoll den Kopf, als ich ihr meinen baldigen goldenen Lebensabend in einem ‚retirement village' schilderte. Sie telefonierte mit dem Beamten in Hamilton, der sie aber, genau wie mich, auf die Entscheidung in der Londoner Zentrale verwies. Da rief sie einen Anwalt an, der sich auf das Thema „Einwanderung" spezialisiert hatte.

Nach ein paar Sätzen reichte sie mir den Hörer weiter. Eine kühle Männerstimme fragte mich: „Are you younger than 56?" Ich antwortete „No".

„Have you got more than one million dollars?" Wieder antwortete ich „No". „Have you got relatives in New Zealand?"

Auf ein weiteres „No" sagte er: „You are wasting your time and your money. You've got no chance with immigration. Bye, bye." Damit legte er auf.

Tieftraurig sahen Wendy und ich uns an. Sie versuchte mich zu trösten, aber so schnell ging das nicht. Den Rückflug hatte ich nun, wenn auch unter anderen Voraussetzungen, gebucht. Es wäre ein leichtes gewesen, umzubuchen und die Radtour fortzusetzen.

Aber plötzlich hatte ich dafür keinen Schwung, keine Kraft und keine Lust mehr. Plötzlich wollte ich nur noch nach Hause und meine Wunden lecken. Ich lief eine Zeitlang ziellos herum, sah aber bald ein, dass es bis zum Abflug in einer Woche trotz Traurigkeit noch eine Menge zu organisieren gab.

Ich rief Sue an, bei der ich vor kurzem mit *bed and breakfas*t übernachtet hatte, und fragte sie, ob ich ihr mein Bike und den Anhänger schenken dürfe. Natürlich fragte sie nach dem überraschenden Grund dafür, und ich erzählte ihr traurig von meinen gescheiterten Einwanderungsplänen. „I can manage this for you", antwortete sie sofort, „you can marry my partner Dave. You can live with us in my house, and after three months you can get a divorce." Ich fragte überrascht, „Are you serious?", und sie antwortete, „Yes, love. We'll phone tomorrow" und legte auf.

Das war allerdings eine überraschende Wendung. Mit einem Ehemann würden meine Aussichten auf Einwanderung bestimmt besser aussehen.

Ich erinnerte, Dave in Sue's Haus ein paar Mal gesehen zu haben. Er war mindestens 10 Jahre jünger als ich, sah nicht besonders gut aus und war oft leicht angeheitert gewesen, wenn ich ihm begegnet war. Sollte ich mich wirklich auf dieses Spiel einlassen?

Die Entscheidung wurde mir durch den nächsten Telefonanruf bei Sue einen Tag später abgenommen. Sie meinte, Dave hätte zwar sofort zugestimmt, mich zu heiraten, aber ihre Tante hätte gesagt, dass ich ja eine Hochstaplerin mit vielen Schulden sein könne, und das Ganze sei leider doch keine gute Idee von ihr gewesen. Das Bike und den Anhänger nähme sie aber gerne an. Sie würde beides demnächst in Tauranga abholen.

Wendy erklärte sich gerne bereit, das Rad und den Anhänger bis zum Abholen bei sich unterzustellen. Sehr bewegt nahmen wir Abschied. Sie war mir eine gute Freundin in diesen letzten turbulenten Tagen gewesen.

Der Bus zurück nach Auckland brauchte nur drei Stunden für die Strecke, für die ich mich mit dem Rad fünf Tage lang abgemüht hatte. Dort angekommen, konnte ich wieder in meinem alten Hostel ein Zimmer beziehen, denn bis zu meinem Abflug waren es noch zwei Tage.

In mehreren Telefongesprächen mit Meg, Niels und Elsa berichtete ich von dem Scheitern meiner Pläne, die sie alle sehr bedauerten. Doch die Heiratsidee wollte mir nicht mehr aus dem Kopf gehen. Zufällig traf ich kurz danach im internetcafé Ruth wieder, mit der ich vor Beginn meiner Radtour schon mal einen Tee zusammen getrunken hatte. Damals hatten wir über das Wetter und das Radeln geredet, diesmal ging es ums Heiraten.

Und wie der Zufall es wollte, war Ruth eine Heiratsvermittlerin! Sie wohnte ganz in der Nähe und nahm mich gleich mit in ihr Appartement. Sie holte dicke Ordner mit unzähligen Männerfotos hervor, die ich alle anschauen sollte. Sie erzählte, dass ich nach der Heirat nur zwei Jahre von meinem Mann getrennt leben müsste, und danach sei die Scheidung kein Problem. („Bei Sue hätte es schon nach drei Monaten geklappt“, dachte ich im Stillen.)

Ruth wollte für die Vermittlung nur 10.000 Dollar. Auch sie kannte die berühmten *retirement villages* und war sich sicher, mir den Weg dazu ermöglichen zu können.

Aber alles in mir sträubte sich gegen diese Art des Verkuppelt-Werdens. Ich gab ihr 10 Dollar für das Privileg, ihre Ordner in Augenschein genommen zu haben. Fast floh ich aus ihrer Wohnung. Sie war mir irgendwie unheimlich.

Draußen redete ich mir gut zu, den Traum einer Einbürgerung endlich aufzugeben, doch eine leise Stimme im Hinterkopf flüsterte: „Du hast noch ein As im Ärmel, gib noch nicht auf.“ Und ehe ich es mich versah, stand ich vor Bruce's Fahrradladen. Ich dachte: „Jetzt oder nie. Wenn der Laden leer ist, frage ich ihn.“ Ich trat ein. Der Laden war leer. Alle starrten mich an, Bruce, die Lehrlinge, denn sie glaubten mich weit weg auf der Radtour durch das Land. Ich holte tief Luft und fragte Bruce: „Will you marry me?“

Es wurde totenstill im Laden. Selbst Bruce, der sonst jede Situation so schnell im Griff hatte, brauchte einige Sekunden, um sich zu sammeln und mir zu antworten. Dann meinte er, er hätte schon eine Partnerin, wüsste aber, wie begehrt bei vielen Ausländern die neuseeländische Staatsbürgerschaft sei.

Ich solle erst mal mehr vom Land kennenlernen, und dann würde er mir eine lesbische Ehe empfehlen, weil ich dadurch weniger erpressbar sei, und sie sei hier außerdem anerkannt. Über kirchliche Organisationen könne ich geeignete Partnerinnen finden. Das Wichtigste sei aber erst mal, meinen Rückflug zu verschieben, wenn es mir wirklich ernst damit sei.

Nach dieser wohlgesetzten Rede, die ich mit gesenktem Kopf angehört hatte, erwachten die Lehrlinge aus ihrer Starre. Einer fing an, und plötzlich skandierten alle im Chor „Change your ticket, change your ticket“, woraus sie eine Art Rap machten, untermalt von Rhythmusinstrumenten wie Fahrradpumpen und Schraubenschlüsseln. Bruce sagte: „If you fly home now, you'll probably never come back.“ Er nahm mich kurz in den Arm. Die Lehrlinge fuhren fort, ihren Refrain hinauszuposaunen. Ich konnte nicht sprechen, weil ich einen dicken Kloß im Hals hatte. Ich fühlte, dass ich gleich weinen müsste. Ich winkte allen schwach zu, bedachte Bruce mit einem letzten, traurigen Blick und verließ den Laden.

Wieder einmal hatte Bruce recht behalten: So sehr ich mir die Einbürgerung gewünscht hatte, so sehr freute ich mich nun ebenso auf das Wiedersehen mit meinen Lieben und fand nicht die Kraft, den Flug noch einmal zu verschieben. Und wirklich kam ich nie wieder zurück.

Anfang November landete ich dann nach mehrmaligem Umsteigen wohlbehalten in Hamburg, wo mich am Flughafen meine Tochter und mein Bruder, jeder mit einer

Rose in der Hand, freudig begrüßten. Die Zeitumstellung machte mir in den folgenden Wochen sehr zu schaffen, aber mehr noch die Trauer um meine geplatzten neuseeländischen Träume. Eine Zeitlang bemitleidete ich mich zutiefst und sah die Welt in den düstersten Farben.

Ausblick

Doch auch diese Phase ging vorbei, denn mit dem Kauf eines Computers musste ich mich nun neuen Herausforderungen stellen, was mich glücklicherweise auf andere Gedanken brachte.

Und alle meine Freunde wollten nun endlich auch von meinen Abenteuern hören und die Fotos dazu anschauen. Leider hatte ich nur ein simples Album mit Papierfotos anzubieten und war von dem großen Interesse sowieso sehr überrascht. Ich entdeckte, dass ich Erzähltalent hatte, was mir bis dahin nicht bewusst gewesen war. Wenn ich sprach, war es mucksmäuschenstill, und alle hingen an meinen Lippen.

Ich lernte mich von einer ganz neuen Seite kennen, was eine seltsam schöne Erfahrung war. Ich schaffte es, meine Erlebnisse so lebendig wiederzugeben, dass meine Zuhörer sie quasi noch einmal miterlebten, denn obwohl vieles ja nicht nach Plan verlaufen war und ich oft Fehlschläge hatte einstecken müssen, waren diese Monate für mich ein einmaliges und unvergessliches Erlebnis gewesen.

Ab der nächsten großen Reise, die mich nach China führte, machte ich Dias und später digitale Fotos. Nun konnte ich vor einer großen Zuhörerschaft sprechen, indem ich die Lichtbilder, parallel zu meinen Berichten, auf eine Leinwand projizierte.

Und es begann die Zeit der öffentlichen Reisevorträge, die mich auch heute noch durch ganz Deutschland führen und recht gefragt sind. Nie hätte ich mir diese positive Wendung in meinem Leben vorstellen können, als ich wegen meines Burnout-Syndroms frühzeitig in den Ruhestand ging! Und noch viel weniger hätte ich damals geglaubt, dass ich dadurch und mit Hilfe dieses Buches zu einer Art Vorbild für andere alleinreisende ältere Frauen werden könnte.

Zur Autorin

Frauke Kässbohrer, geb. 1941, studierte nach dem Abitur die beiden Fächer Musik und Englisch für das höhere Lehramt in Frankfurt/Main. Sie unterrichtete an verschiedenen Gymnasien in Süd- und Norddeutschland.

Zum Schreiben kam sie erst nach ihrer Pensionierung durch ihre ehrenamtliche Arbeit mit Asylbewerbern.

2017 erschien ihr Buch „Bloß nicht weinen, Akbar! Ein 16-jähriger Afghane berichtet von seiner Flucht nach Deutschland".

Ihre Bücher bestechen durch guten Aufbau, lebendigen Erzählstil und absolute Authentizität.

Frauke Kässbohrer hat zwei Kinder und zwei Enkelinnen und lebt in Schleswig-Holstein in der Nähe von Lübeck.

Konzept: Eine Frau reist um die Welt

Alleine verreisen als ältere Frau, mit Rucksack und keiner vorher festgelegten Route, nicht nur innerhalb Europas, sondern auch zu anderen, weiter entfernten Kontinenten – geht das überhaupt?

Es geht, wofür die in vier Bänden erschienenen Reisebeschreibungen der pensionierten Lehrerin **Frauke Kässbohrer** ein lebhaftes Zeugnis ablegen. Trotz mancher Fehlplanungen und auch gefährlicher Situationen kehrte sie jedesmal heil nach Hause zurück, dabei in Gedanken schon wieder nach neuen Herausforderungen suchend.

In den vorliegenden Reisebeschreibungen lässt sie uns nun in ihrem unverwechselbaren lebendigen Erzählstil so intensiv an ihren Erlebnissen teilnehmen, dass wir am Schluss das Gefühl haben, selbst dabei gewesen zu sein.

1. Australien – Neuseeland
2. Türkei – China
3. Japan
4. Usbekistan

Frauke Kässbohrer
Eine Frau reist um die Welt
Australien - Neuseeland
Edition Forsbach

Frauke Kässbohrer
Eine Frau reist um die Welt
Japan
Edition Forsbach

Frauke Kässbohrer
Eine Frau reist um die Welt
Türkei - China
Edition Forsbach

Frauke Kässbohrer
Eine Frau reist um die Welt
Usbekistan
Edition Forsbach

FSC
www.fsc.org
MIX
Papier | Fördert gute Waldnutzung
FSC® C083411

Zeitfracht Medien GmbH
Ferdinand-Jühlke-Straße 7
99095 Erfurt, Deutschland
produktsicherheit@kolibri360.de

FSC
www.fsc.org
MIX
Papier | Fördert gute Waldnutzung
FSC® C083411

Zeitfracht Medien GmbH
Ferdinand-Jühlke-Straße 7
99095 Erfurt, Deutschland
produktsicherheit@kolibri360.de